K.G. りぶれっと No.19

関西学院大学総合政策学部リサーチ・フェア 2006 同窓会企画

総政的人生を語ろう

関西学院大学総合政策学部同窓会［著］
高畑由起夫［編］

関西学院大学出版会

故安保則夫先生に捧ぐ

はじめに

――総合政策学部の一二年間と同窓会の取り組み

関西学院大学総合政策学部では、一九九五年の開学から一二年を経過しました。神戸三田キャンパス（KSC）の地を巣立った卒業生は、三千人を超え、日本にとどまらず、世界各地の様々な分野で活躍しています。総合政策学部にとって、この卒業生のネットワークこそが財産であり、卒業生一人一人のこれまでの経験やノウハウが現役生の皆さんと結びつくことで、学部のさらなる発展につながるものと信じております。

開学一〇周年を機に、それまで限定的に育まれてきたネットワークを組織的に結びつけることができないか？　という挑戦が卒業生の中で始まっています。卒業生と現役生との交流の促進と卒業生同士のネットワークの構築を最大の目標としながら、総合政策学部のスピリットをさらに育み、継承していくことのできる同窓会運営について、議論を進めてきました。

その結果「想像力」「チャレンジ精神」「知性」のそれぞれの可能性を追求するリサーチ・フェアという「知の祭典」こそ、まさに総合政策学部らしさがいかんなく発揮される場であると考え、この場を活用して、現役生と卒業生、さらには教職員の皆さんが一同に会し、総合政策学部のスピリットとネットワークを共有する機会を設けるべく取り組んでいます。

本書は、以上のような思いの中からリサーチ・フェア二〇〇六で開催された「OBG企画」の模様をまとめた記録です。卒業生から現役生へのメッセージとして、たんに就職活動や人生設計という側面からではなく、学生時代の過ごし方から人生哲学に至るまで、これからの長い人生を考えるきっかけとして、多様なキャリア・パスを歩むＯＢＧがそれぞれの生き方を紹介しています。第二新卒という言葉が溢れる中での「三年後のＲｅ就活」、卒業後の進路として多くの卒業生が活躍する場である「国際現場の理想と現実」、果たして総合政策学部では何を学ぶのか、学んだのかを振り返る「総政的人生を語る」という三つのテーマについて、現役生の皆さんに対して、自分の熱い想いをお伝えしたいと意気込むＯＢＧのパネリストが登場します。

「関西学院」「神戸三田キャンパス」「総合政策学部」などのキーワードで結ばれた仲間との「人と人のつながり」を大切にしながら、お互いに学びあい、刺激しあう。「総合政策学部で学んで良かった」「総合政策学部を通じて得たネットワークで自分の活躍の場が広がった」。同窓会がそんな素敵な場を築き上げるきっかけになるように、これからも取り組んでいきたいと考えています。

山崎草平
有井佑希
白岩正三
荒木澄玲
総合政策学部同窓会を代表して

目次

I

三年後のＲｅ就活　終わらないジコブンセキ？
一生白旗宣言！　勝ち組負け組どんとこい
――フツーの人が語るフツーの仕事論

パネリスト（順不同）

永田修一（四期）二〇〇二年卒業。社会人五年目で今回最年長のパネリスト。銀行の営業店に配属されて現在二店舗目。国内為替、個人ローン、外国為替、個人営業、中小零細企業から上場企業まで担当している。

堀川　茜（五期）二〇〇三年卒業後、京都大学人間環境学研究科で発達心理、児童心理、母子関係を扱う研究室に進学。大学院修了後、教育出版会社に就職して二年目。

有井佑希（五期）二〇〇三年卒業。生活協同組合コープこうべで商品配送・ルート営業担当。二〇〇六年五月に退職。現在は無職。

風谷泰子（五期）二〇〇三年卒業。証券会社で法人営業担当。金融法人から事業法人、公益法人にブローカー、アンダーライティングまたはＩＲ等の提案をしている。

池田直子（六期）二〇〇四年卒業。（株）日本創造教育研究所で電話営業・営業事務を担当。二〇〇六年五月に転職。ＮＰＯのＪＡＥＥで教育コーディネートに携わっている。

大原聡彦（六期）二〇〇四年卒業。証券会社勤務。二年間、個人営業、セールスを経て、現在、法人営業、提案内容、資金調達、Ｍ＆Ａ、ＩＲ等、市場を通して行う事業活動の手助けをしている。

本久梢恵（六期）二〇〇四年卒業。二〇〇五年四月から大阪市役所区民企画室に勤務。

梶山真弓（七期）二〇〇五年卒業。人材紹介会社の営業マンとして、転職希望者の企業採用を斡旋している。

司　会

石橋真理恵（五期）二〇〇三年卒業。現在フリーター。

予想外だったこと　――プラスの変化とマイナスの変化

石橋真理恵（司会）　それでは、リサーチ・フェア二〇〇六総合政策学部同窓会企画「三年後のＲｅ就活　終わらないジコブンセキ？　一生白旗宣言！　勝ち組負け組どんとこい　――フツーの人が語るフツーの仕事論」を始めたいと思います。学部生の皆さんには「三年後の自分はどんなものか」想像もつかないと思います。授業で地球温暖化など何万年後のことを考えさせられたりしますが、たった三年後って見えにくいと思いませんか。この企画では八名のパネリストに、卒業後三年ほどの年月をどんなふうに過ごしたか赤裸々に語っていただき、皆さんと一緒に「働くとは何なのか」を考えたいと思います。

最初のトピックは「予想外」。仕事を始める前と後で考え方が変わった方は多いと思います。例えば、二〇〇六年度「大学生の意識調査」という調査があります。（参加者の学部生へ）「仕事を選ぶ基準」のトップは何だと思いますか。

参加者　待遇や、お金のこと？

石橋　それはとても大事なことですが、結構下位です。全体の四五％を超える回答が「やりたいことができる」。ここ数年ずっと一位です。二位が二九％で、

リサーチ・フェア
一九九八年から総合政策学部で毎年開催されている院生・学生の研究発表の場。他学部・他大学生でも発表できるほか、一般市民にも公開されている。
http://www.r-fair.info/

「働きがいがある」。これも不動です。パネリストの皆さんが仕事を始めてから、基準が変わったか？　まずマイナスの変化からお願いします。

大原　「人に厳しくなった」。仕事を始めてから、責任を背負っているという意識が出て、それを他人にも求めてしまう傾向があります。この前、僕が客の立場で、相手の説明不足から手違いがあって、それを相手に指摘したら「社内のシステムが悪い」と言い訳された。僕にすれば「あなたの会社のことは自分にとって全然関係ない」と少し怒ったのです。自分に責任を求められることが多いから、他人にも求める。そんな自分を客観的に見た時、少し余裕が無くなっているのかな。目下の課題は「他人に優しく、自分に厳しく」です（笑）。

風谷　「非情になった」。会社と私の関係は「報酬」つまり給料に対する対価、会社に貢献する関係でしかない。そんな関係をキープするのに必要な発想が、例えば根回しだったりする。ビジネスの原点はステークホルダー（＝利害関係者）との関係です。学生時代は戯れたい人と戯れて、やりたいことをやって、結果がどうあれ楽しかったと完結できたけれど、会社では利害関係者とＷｉｎ－Ｗｉｎな関係をキープしなければならない。時にはそれを手段にして人を切ることもある。そんな打算的な発想は、学生の時には生まれなかった。そのこ

ステークホルダー
企業や団体に直接・間接に利害関係を持つ者。英語のstakeholderに由来。会社では、出資者、顧客、社員、地元の社会、行政、政府などまで含む。

当日の会場の様子

ろ聞いたら「嫌らしい考え方」と思うかもしれませんが、逆に一手段としては必要な部分だと発想を転換した。それが「非情」の意味です。

本久　「心の感度が下がった」。区役所にはいろいろな人が来ます。「親に捨てられたけど、どうしたらいい」とか、リストカットして、心の病になって、目が虚ろな状態で「どうしたらいい」「どこに行ったらいい」。深刻な状況の人もいて、最初のころはいちいち受け止めていたけど、最近はあっさり流してしまう。一つ一つに関われなくなっています。

堀川　「リスク回避志向」。仕事を始めてまだ二年目なのでプラスの方が多いんです。あえてマイナスに変わった点としてあげました。

私は小学生向けの通信教育事業部に所属しています。一人の会員を一年間同じ先生が担当する担任指導者というシステムで、私の仕事は先生を管理することです。例えば担任の先生が月一回の電話指導をおこないますが、電話指導は一〇分間と決められています。しかし、たくさん質問する会員もいらっしゃるし、「できれば二〇分話したい」と言う先生もいる。本当は私も会社も、先生がそこまでやってくれるのは嬉しい、同じ給料でね。でも、学年が上がって先生が変わる際に、先生間の差が問題となり、「前の先生の方がよかった」「もっと良い先生つけてくれ」とクレームになる。頑張っている先生とダメな先生の間に「質の均一」を求めてリスクを回避してしまう。会社としても私としても、本来なら要望に応えたいが、それができない。でもそのこと自体は会社として、必要だと認識するようになりました。

もう一つは、例えば先生が介護などで「この時間は電話を受けられなくなりました」「年間通しては無理です」となると、こちらは業務を依頼できない。成績優秀な熱心な先生でも切らなければなりません。厳しい判断であっても、会社や自分、先生のため、責任を持って決断を下さないといけない。そんな思考ができるようになって、先の見通しとか、洞察力や予測する力を養えたというのがプラスになると思います。

石橋　自分の意思とは違うことをしないといけない局面で、いろいろもがいているとプラスの変化も出てきたという話です。一番社会人経験の長い永田さんお願いします。

永田　早いこと言うと「無し」（笑）。

石橋　マイナス変化無し?!

永田　無いですね。金融で働き、担当先が二〇—三〇社、毎日のように相談が

リサーチ・フェア一般発表（口頭）会場

あります。「こっちで明日一〇億いる」「そっちの会社でパソコンバンクが止まっちゃった」とか、一個一個きちんと応えないといけないけれど、物理的に僕という人間は一人なんで、完璧に応えるのは無理です。そんな中でも一社一社に対して、「今僕ができること、今ぎりぎり頑張るとこってここなんです」「こういうことでとりあえずやっといて下さい」といった交渉を積み重ねる日常です。後で「あれやっときゃ良かったな」とか「こういうふうにやればできとったなぁ」と思いますが、やはりその時その時での、僕や会社としてのベストエフォートの蓄積で応える。こうやって社会人としての考え方が積み重なってくるのかなと思います。

身近なところでは、商店街を歩いて、どう考えても誰も買わないような服しか置いてない店ってありますよね。「どうやってお金まわしてんのかな」「ちゃんと商売になっているのかな」「食っていけてるのかな」などと考えるようになった。他の人からは「金勘定しか考えてない」「いつも銀行員は金のことや」と言われるけど、僕自身それほど悪いことだと思ってない。経験で積み重なってできた物の考え方だからマイナスではない。自分自身の考え方が仕事を通して出来てきたのかなと思います。

石橋　次にプラスの変化です。就職活動でやっと決まった会社なのに、退職した人もいる。池田さん、お願いします。

池田　「明るく元気な電話がけができる」。

石橋　具体的ですね。どんなんするんですか。

池田　（明るく）「お電話ありがとうございます！」。電話がけがメインで「三オクターブくらい高く元気に」と言われていました。私は昔から電話がけが大嫌いで、相手が見えない、状況もわからない、怒られるかもしれない、と怖がっていました。けれども一ヵ月に二百件以上つなげる目標があって、無理矢理身に付いたスキルです。転職後も役立って、初めての人にかけると、向こうも同じように返してくれる。良い修行させてもらったという面でプラスの変化です。

有井　「整理整頓ができるようになった」。小学生みたいですが、これが会社に入って一番良かったことです。というのも私はあまりにも社会の基準から外れていたんです。入社一年目で始末書を二〇枚くらい書いた（笑）。会社から預かっているお金が一円足りなくて、それじゃあと自分のお金から出して、ひどく怒鳴られたことがあります（笑）。整理整頓ができると物事にすぐに反応できる。頭の中も整理できるのでいろいろな提案もできる。事務処理にしても全然違う。

発表を聴く人たち

石橋　始末書二〇枚って、普通の会社ならもっと厳しい処分ですよ（笑）。私物ではなく会社の物なんですから。整理整頓って当然のことで、だから「物を大事にする」は入社前に徹底的にたたき込まれるはずですが（笑）。何年かの勤務で苦手を克服したのがプラスの変化ですね。最後に、一番社会経験の短い梶山さん。

梶山　「使命感」。私の会社は特殊で、新卒が社員の四割を占めます。新卒が稼ぎ頭だから、新入社員として扱われるのはほんの数ヵ月で、研修期間が終わったら全員に予算が与えられ責任を持たせられる。二年目に営業になったその日から予算が与えられ、自分が達成しないとチームの目標も達成できないという鬼気迫る状況になりました。それで「使命感」を持つようになりました。

石橋　誰も「使命感」なんて考えて就職していません。それが二年で変化する。まさか社会人になって整理整頓できるようになるとは思わない（笑）。悪いことについては厳しい現実をいろいろ聞かされ、ある程度予測できている。マイナスの変化があることもわかる。その変化がいつしかプラスに転じるのも予想外ですよ。

永田　学生時代はそんなこと考えなかったけれど、五年目になると後輩ができて「いつか永田さんのように立派に稟議を書けるようになりたいです」などと言ってくれる。たとえ嘘でも結構うれしい（笑）。そんなやる気のある人には、僕も一生懸命仕事を教えてやりたいし、「お前は将来この会社をしょって立つ金の卵や」って、嘘でも言ってあげるんですよ（笑）。

学生時代の自分に一言

石橋　次に「学生時代の自分に一言」。思い出しますよねぇ。キャンパスに久しぶりに来て……新しい建物もできて、いろいろ変化がありました。学生時代を思い出し、感傷にひたりました。パネリストの皆さん、今の自分からメッセージをお願いいたします。

本久　就職活動していた時の自分には「人に認められたいとあんまり思わなくていいよ」と言ってあげたい。「この企業に内定もらったら、みんなにこう思われるだろう」「こういう仕事をしていたら、うらやましがられるだろう」といった感じで仕事を選んでいた気がします。でもいざ就職活動で壁にぶつかると、全然内定もらえないし、自分がダメな人間に思えてくる。自分が丸裸にさ

キャンパスの変化
二〇〇一年から二〇〇二年にかけて理学部の移転・理工学部への改組と、二〇〇二年に総合政策学部にメディア情報学科が新設されたことで、神戸三田キャンパスが拡充されたことを指す。

キャンパスでのかつての日々

れたような気分になって、もう少し自分のやりたいことや人生、自分の素直な思いに率直に向き合えていたら良かったかなと思います。
池田　「ねばれ！　思いは通じる」。いったん「就職」という選択肢を選んだら「決まるまでは必ずやり続ける」「諦めずにやり続けたら絶対道は開ける」。それで仕事も見つかった。学生時代の自分にもこのメッセージを送りたいと思います。
大原　「選択はまちがってなかった」。今の会社は第一志望ではなかったし、やりたかった仕事でもない。一年目は毎日のように仕事で失敗がありました。「おまえ坊主にしてこい！」と言われて坊主にしても、「あまり普段と変わらない！」と言われたり、しんどいことも多かった。
最近、「経済的には自立できるな」と実感しました。この自信は、就職活動で迷いながら「仕事をするぞ」と決断して、一歩踏み出したからこそ得られたものです。学生時代の自分に言うとしたら、「生き方は間違ってなかったぞ」です。
石橋　ちなみに、その時の第一志望は？
大原　金融ですけど落ちてしまった。最初に内定をもらった証券に入って、本当に良かったと思います。

石橋　その時「いや俺は銀行でないと駄目なんだ」と思わずに証券会社を選んで良かった。「あの時の自分は間違ってなかった」と思う。今になると、学生時代の自分に「一歩踏み出す勇気を持ってよかったな」と言ってやりたい。

堀川　「こだわれ。でも固執するな」。三回生と大学院一回生で二回就職活動をしました。当時は何をしていいかわからなくなった時期もあった。でも、会社によって、何か心に引っかかる物があったり、なかったり。今思えば「教育」とか「親と子の関わりをサポートする」などだった。だから自分のこだわりは大事です。こだわりを持たないで、やみくもに就職活動している学生には「こだわれ」と言いたい。でも「固執しろ」ではない。固執とは「ある会社に入りたいけど、入れなければやめちゃう」という話で、少し違う。まず大まかにピンとくるキーワードで探ってみる。想定外の企業でも、そのキーワードで可能性を広げることがある。企業や社会にとっての有用性が自分なりに納得できれば、そこの企業を選ぶのは良いことです。

石橋　今日は標語が多いけど（笑）「こだわり」を持つ。大原さんの意見と一見矛盾するようですが、「こだわり」は意思決定の基準として大事だ。一方、

リサーチ・フェアでのポスター発表風景

可能性を狭めないためにも、こだわりの軸をなるべく広く持った方が良い。

風谷　「給与待遇をチェックする」。就職活動ではやりたいことが漠然として、半ば無理矢理やっていた。それでも仕事を選ぶ時にチェックポイントがあると思う。私の場合は「やりたい／やってみたいこと」を軸にしていた。とは言っても、会社で働いていると、生活に密着している面を実感し始めます。今日この場にいるパネリストの人は働きだして四、五年目のまだ「若い人」ですが、会社の先輩や上司は家族を持っている人もいる。そうするとどうやって生きていくか。女性が働き続けたい場合には、子どもを授かるなどの変化もある。生活のやりくりも考えないといけない。好きな仕事でも優先順位が変わる可能性も考えた上で、仕事を選択することが良い。これを頭の片隅に入れておいたほうが良いと思います。

石橋　就職活動した人で給与待遇をチェックした人、手を挙げて下さい。ほとんどいない。新卒採用ではこんな感じですが、中途採用を経験する人はここが一番のチェックポイントです。一度就職を経験した人は、毎日の生活の重要さがわかっている。給与面以外にも待遇面が要チェックです。

永田　「ありがとう」です。基本的に数年前の自分に言うことは特にない。一生懸命遊んだし、勉強もしたと思う。就職活動では、限界まで情報収集のアンテナを張って、かなり頑張った。それが自分の土台になった。そうやって入社してマイナスになったことは無い。だから、今から五年、一〇年後の自分が今の僕に「ありがとう」って言えるようになったら良いなあ。そういうふうに生きたいです。

石橋　一日一日の積み重ねなんですよね。今は自分に満足していないかもしれませんが、悔いの無いように一日一日を必死で遊ぶ、勉強する、就活したから、当時の自分に感謝できる。

梶山　「他を認めること」。就活時代の自分にというより、四年間を通しての自分に「他を認めなさい」と言いたい。「自分をしっかり持つこと」という言葉もありますが、私は学生時代の四年間「自分を持つこと」にフォーカスして「こうしたい、こうなりたい」とばかり考えていた。社会に出ればそれだけでは駄目。他者を認めることが必要になってきます。社会に出ると、いろんな価値観や年齢層の人がいます。そういう人と共通の目的を持って行動しなくてはなりません。自分が主張ばかりするのではなく、他者を認めていくことが必要になる。学生時代の自分はもっと努力して、いろんな人と話して、他者を認めていけば良かったなぁと思います。

石橋　仕事では合わない人とでも合わせなくてはならない。そんな時、主張だけではうまくいかない。大学は多様な人が集まる場だから、話しておいた方がよい。意外と気があって一生の友達になるかもしれない。「引き出し」が多いほうが仕事を始めてからも役に立つ。

有井　「はじめから道を狭めるな！　Ｆｉｒｓｔ　Ｄｒａｆｔはおっきく！」。私は固定観念の塊で、日本社会に良いイメージを持ってなかった（笑）。海外で働こうと思っていた。でも日本で一回就職したら「悪い所ではないな」。尊敬できる大人もたくさんいるし、自分は固定観念に縛られていたなぁと。

私は就職活動のときに、コープと自衛隊しか受けなかったんです（笑）。今になると、そんなに狭めなければ良かった。日本の就職活動は新卒採用に門戸が広いんです。こっちから出かければ、向こうの人も会ってくれる。日本の社会がどんなふうになりたっているのか、知るチャンスなんですね。私はその機会を逃してしまったなって。皆さんも最初は「おっきく」とらえて、それから自分に合ったものを考えていけば良いと思います。

石橋　有井さんはやりたいことを突き詰めて考えた結果、なぜかコープと自衛

新卒採用
大学・大学院の卒学・修了見込みの学生・院生が就職活動をおこなった結果、企業等に採用されることを指す。卒学三年以内、あるいは新卒で就職後すぐに離職した人たちを「第二新卒」と呼ぶこともある。

隊に行き着いて（笑）、結局彼女は二つしか受けなかった。学生のころ、私は「有井さんはやりたいことが見つかっていいなぁ」と思っていたけど、彼女は今になって「もっといろいろ道があったのに」と感じている。「やりたいことを仕事にする」とばかり考えていたら、大きな視点で物が捉えられなくて、カチカチの頭で何も知らないまま終わりかねない。だから彼女のメッセージは大事です。「First Draft」って総政用語ですけど、大きく、荒削りで良いから、とにかくやってみたら良い。

働くということは?

石橋　この企画のために久しぶりに会って、「働くとは何や?」とファミレスで夜中まで語り合いました。でも、まとまらなくて、そのまま赤裸々に、フリーに語っていただきましょう。

堀川　「立つ。歩く。許す。気づく」。働くとは、自分で責任を持って社会人として自立することです。誰に対して立つのか。私は親、お客様、担任指導者、同僚、上司に対して責任を持って向きあうことだと思います。そこでしっかりと「立って」ようやく「歩く」ことができる。

次に、仕事で苦手な分野が絶対に出てきます。整理整頓もそうですが、私は情報処理がとても苦手なんです。以前は苦手な分野に出会うともがいていた。克服できることとできないことがある。今は、ぎりぎりまで頑張って「これは絶対に無理やなぁ」となれば、できない自分を「許す」ことにしました。完璧な人間なんていないので、自分を許すことができるようになればいいなと思います。

「気づく」ですが、よく「働くとは自分探しだ」と言われます。しかし「探す＝自分が主体的に探る」というより、私自身は「気づかされていく」という感覚でいます。知らない自分、できない自分、「実は得意だったんだ」とか「苦手やったんや」といった新しい発見など、いろんな仕事に携わることや、本来ならば出会わなかった人との出逢いによっていろいろと気づかされています。

風谷　働くということはまさに「生きること」。私たちの人生の大半は働くことに関わっていて、被雇用側だったり雇用側だったり、働く人を支える間接的な立場だったりします。人生の中で思い悩んだり、迷って何かを選んで、また立ち止まったり、いろいろ人と関わっていく。仕事もそれと一緒で、自分が出会った職場の人達と仕事を楽しみ、苦労を乗り越えていくものだと思います。大変ですが、なるようになるにしかならない（笑）。

皆さんにとって、仕事は手段だったり、位置づけはいろいろでしょう。昔に比べて雇用が多様化して、「自分にとって仕事とは何か？」と考えることのできる恵まれた状態です。上司たちとは過ごしてきた時代が違う。それを認識した上で、後悔せず働いて欲しいです。

石橋　皆さんの話のなかで印象的なのは「ゴールがない」ってこと。まだ答えを見つけたわけじゃない。やりながら考え続けていかないと、見つかるわけもない。見つけようとし続けることが大事です。

大原　「汗をかく」。働くとは汗をかくことです。営業職で外回りが多いんですが、歩いてかく汗以外に、上司から怒られて冷や汗をかいたり、大きなビジネスを取りに行くために脂汗かいたり……（笑）。真剣な時は汗が出てくる。仕事って真剣勝負です。それでは「相手は誰か」というと、やっぱり自分です。

人間は弱い者なので、怒られるとしゅんとしてしまいます。緊張したら声も小さくなりがちで（笑）、傷ついたり、落ち込む。汗をかきすぎて脱水症状気味になったりしますが、それを通して得た経験は何にも変えられない自信にな

フィリピンのスラムでの家建設（エコハビタット・ホームページから転載）

ります。経験で成長する、これすなわち働くこと（笑）。

石橋　自分に真剣勝負をいどむのが働くことになる。そこでどんどん成長していくのが楽しいという話でした。皆さん、今、どんな汗かいてますか。学生時代にフィリピンで家を建てる、そんな活動で汗をかく人もいれば、私はとても真面目な学生で、ゼミの本を読むことで冷や汗をかいていました（笑）。それくらい真剣にやったことってみんな心に残ってるし、得たものあるって絶対思ってる。それは「働く」ことでも一緒です。

永田　「プロ」であること。「プロって何や」と思う人、いるでしょう。銀行で外回りしているときに、中小企業の社長さんたちから「永田さんプロですか」って聞かれたんですよね。考えたこともないから「え?」と思って「えへへ」って（笑）。プロって、プロ野球選手やプロサッカー選手とか、その仕事で金もらったらプロかなっていう意識が何となくあったんですけど、それではバイトもプロかといえば、プロアルバイターっておらへんし（笑）。僕なりの結論は「その仕事を通じて、他人《ひと》に感動を与える仕事ができる人」じゃないかな。

　プロ野球選手なんか、バットとか守備でお客さんが感動するわけですからね。わざわざ金払って、電車に乗って野球場まで足を運ぶわけです。僕は金融屋ですけど、そこで「プロって何なんやろ」と考えると、自分にしかできない提案、僕にしかできないソリューションを考えることじゃないかな。お客さんが「永田が担当してから、うちの会社ちょっとよくなったよ」とか「いつも一生懸命やってくれてありがとう」とか、そんな言葉を聞けたらええなぁ、と思いながら仕事してます。そのうちお客さんから「永田さんにだけちょっと相談できることがあるんですよ」とか「こんな話永田さんにしかできないんだよね」と言ってくれる。要は信頼なんですけれども、銀行屋・金融屋にとって、お客さんから信用されるのがプロになることだろうと思います。

（学生に）営業になる人が多いでしょう。僕もそうだけど、パネリストの人たちもいつも「苦しい、苦しい」と言ってると思いますが、信頼関係を築けたら、数字って勝手に後からついてくる。一年ごとに「なんぼ稼げ」と、ものすごい目標がふられて、えらいことになるのですが、「あんだけ一生懸命やってくれてるから、永田さんの言うことは聞きますよ」と言ってもらうのがプロの仕事かな。それで「働く＝プロである」。きれいごとかもしれませんし、実際はできてないことも多いけど、一歩一歩ちょっとずつで良いから近づいていきたい。

エコハビタット
海外で劣悪な住環境にある人たちに、家建設等の援助や国際交流を行っている学生団体。通称「エコハビ」。
http://www.ksc.kwansei.ac.jp/clife/circle/ecohabitat/

石橋 「プロ」。皆さん、プロってどんなんやと思いますかね。「感動」を与えるというイメージありますよね。感動を与える仕事っていったら、ディズニーランドやドラマのプロデューサー、広告屋さんだけではない。金融屋さんでも感動を与える、働く喜びがあることに気づく。どんな仕事でも、永田さんが言った「信頼関係を築く」というフレーズが絶対あるんですよ。それを忘れないで、いろんなところを見て欲しいですね。永田さんは五年目、四〇年、三〇年選手、いっぱい先輩おる中でまだまだ若い。そんな先輩にもまれて勉強していく＝プロに近づこうという姿勢って、かっこいいと思いますよ。

池田 「世界平和」。理想的ですが、今の職業がＮＰＯでもあり、「働くって何かな」と考えると、人生そのものかなと思ってます。一度しかない人生で、何らかの形で社会に貢献していきたい。学生時代に「エコハビタット」で家を建設しました。貧しいけど頑張っている子どもたちを見て、平和って何だろうと考えたのですが、やはりより良い世界を作るために貢献したい。それが働くことつながって欲しいという願望でもあります。地球規模というわけではなく、身の回りの家族や一緒に働くスタッフ、関わる人すべてが世界につながっているので、みんなに少しでも幸せを感じてもらえるような仕事をしていきたい。

今は、子どもたちが夢をもって生きていけるように「ドリカムスクール」という仕事をしています。学校の総合学習の時間に、企業や地域の人、学生と一緒に商品企画を考えたり、自分の夢について考える授業をつくる。そんな仕事を通して、何らかの形で役に立てる人間になりたい、というわけです。

石橋　堀川さんから「こだわりを持て、でも固執するな」という言葉がありましたよね。「世界平和」ってめっちゃ広いじゃないですか。彼女が今いるのも以前にいたのも小さな会社・組織です。そんな中、彼女のこだわりは世界平和なんです。傍目からは「世界平和」と直結していなくても、それを実現しようと目の前にあることを一生懸命やっている。

梶山　「生活の糧、成長の場」この二点です。皆さんと同じ学生だった二年前までは、生活の糧なんか考えるわけもなく、仕事について「こうしたい」「ああしたい」『私こんなのになるな』とばかり考えていました。今は一人暮らしで、働かなければ生活も食べることもできない。それが「生活の糧」です。一日の半分以上仕事をして、この二年間は仕事に捧げてきたと思います。頑張って評価されて、自分の居場所がやっぱり仕事に直結して、そんな意味でも「生活の糧、心の糧」になっています。

在学中のディベート合宿

「成長の場」は、就職活動でも求めていましたし、今でもずっと求めています。ただ、自分のしたいこととか「ああなりたい」「こうしたい」という主張だけではなくて、企業ではチームとか、方向をちゃんと考えた上で、自分で行動して「成長の場」を見いだしていきたい。それが働くことです。

石橋　二つ軸がでてきました。「成長」と「生活の糧」。給料や条件面をチェックするとか、生きていくために必要だとか、イメージしづらいかもしれませんが、本当に生活のために働かなきゃいけない。自分一人、税金も払われへんし、年金も払われへんし、どうする？　やっぱり大人になるのはすごいことです。

有井　私にとって働くことは「ぶつかり稽古」。極端ですが、壁にぶつかることで等身大の自分が見えてくる。私は自衛隊を受けるくらいで、体力や精神力に自信があったんですが、意外に「自分って弱いな」と気づいたんですよ。営業で知らない人の家のチャイムを押すのが怖かったり、仕事が嫌になってトラックで時間つぶしたり、「うわぁ、後輩にこの姿は見せられへんな」というぐらい弱さを痛感して「思ったより自分って未熟なんだな」と感じたんです。でも悪いことだけじゃなくて、一生懸命やって売れたら嬉しいとか、おばちゃんに「アメちゃんあげる」って言われて嬉しいとか、単純ですけど、一生懸命ぶつかって小さなこと一つ一つを感じれるようになったと思うんです。
最後に、仕事を辞めた私から皆さんに一つ言いたいのは、お金をもらって課せられた仕事をするのは人生の大切な部分ですけど、全部じゃない。家族を大事にする、友達と楽しい時間を過ごす、知らないおばあちゃんと世間話する、そんな「柔かい」時間を過ごすことも結構大事だったんだなと、今になって感じています。社会に出て学ぶことがたくさんありましたが、すごい「せわしい」。「信頼してもらって物が売れる」が基本だけど、課せられる数字はどんどん大きくなって、その人が普通にしていて「欲しい」と思う以上に、うまいこと言って「欲しい！」と思わせる営業をしなくちゃいけなかったり、こっちからどんどん働きかけていかないと数字が追いつかない現実。社会に出て、もし人生のバランスが崩れてきたと感じたら、仕事を辞めるのも一つの手です。仕事は人生の一部であって、全部じゃない。辞めれば仕事で働いていた一部分ではゼロになるかもしれませんが、自分自身はゼロにはならない。だから恐れずにリセットしてゼロになるのも大事です。自分自身にしっかり向きあって、私も皆さんと同じスタートラインにまた立っています。

石橋　有井さん、二六歳になりますけど、まだまだモラトリアムですよ（笑）。

モラトリアム
この場合は「人間が成長して、なお社会的義務の遂行を猶予される期間。また、その猶予にとどまろうとする心理状態。エリクソンが提唱」（『広辞苑』より）。

就職活動ってその時に終わるかもしれない。でも、終わらない人もいる。自己分析もその時で終わる人もいる。でも、続く人だっている。いくらだってやり直しがきくんです。だから一生懸命やることが一番大事。成功・不成功なんて関係ない。その時成功と思っても、失敗する可能性だってあるし、自分の価値観も変わるんですからね。

有井さんもずっとコープで働こうと思って入社した。最近は数年したら辞めようと思って入社する人もいるようですが、ここにいる人達は皆、それなりに長く続けられると思って選んでいる。そんな選択肢や価値観が変化するのを経験してしまう。だから、一生懸命、今の自分に向き合って欲しい。自己分析ってそこで終わりじゃなくて、ずっと続くし、続くのは悪いことじゃない。「終わってないなぁ」なんて情けなく思う必要はない。

それでは本久さん。この人は就活したけれども、卒業して一年間「プー」でしたから、重要です（笑）。

本久　「働く」とは、世の中を少しでも良くしようと努力することだと考えました。ちょうど就活の時に、父親が早期退職で仕事を辞めました。その時、家でパソコンやトランプゲームをする父親の姿を見て「えっ、働くって？」と。

人生めっちゃ頑張って働いて、退職で辞めたお父さんの背中に虚無感を感じて(笑)、「働き終わった時に何も残ってないのは嫌だ」と思い、世の中に何か良いことを残せたらいいなと、今、市役所で働いているんです。世の中を良くしようと入ったんですけど、何が出来ているかというと、全然。雑務に追われて「私は何をやってるんだろう」と思う。生涯学習の仕事をしてるんですが、生涯学習をもっと街づくりに活かすような方向性に持って行かないとダメなのに。今の仕事は民謡の発表会の準備などです。でも何かしら世の中こんな風になれば良いなあという思いがあるから、今の雑務ができるのかなあと。「働く」とはこういうことだと思っています。

石橋　身の回りの生活と会社を見比べて、「これは一体何に使われとるんや?」となかなかわかりませんよね。それでも、働いていると何かつながりが見えてくる。民謡も良いじゃないですか。それを一生懸命こなして、世の中につながっていくことが本久さんにとっての「働く」なのですね。

＊＊＊

石橋　八人全員の発表が終わりました。最後に、会場の皆さんからコメントを取りたいと思います。

参加者　私は就職活動を終えて、あと残り半年、何をしようかという感じです。ヒヤリとした発言があって、ギクっとした一人です。私も給料面を全く考えずに仕事を選びました。私は働きながら進路を決めていこうと思っていたので、良いのか悪いのか、まだ働いてないのでわからないんです。先輩たちの話を聞いて、三年後に見えてくる自分とか、とても楽になりました。

参加者　司会の方の仕事は何かききたくて。全然話されていなかったので（笑）。

石橋　人材派遣会社に三年四ヵ月勤め、退職して二ヵ月です。今は同じ仕事をアルバイトでやっています。「辞める、辞めへん」と迷ったけど、何か怖くて、無職にはとてもなれなかった。今はバイトなのですが、仕事をしないことが「すっごい怖いな」と思ってるんです。仕事をしないと税金も年金も保険も払えへんし「大人としての義務を果たしてへんのんちゃう」「そんな私がここにいていいいの」。私にとって働くことは社会に許されるということです。

それでは、今日はジェネレーションギャップも無かったし、たくさんの人が来てくれて、ありがとうございました。これをきっかけに何か気づいてくれたらいいです。皆さんより先に生きている者の教えとして、受け取ってもらえたらいいです。それから本を紹介しますね。どちらも日本経済新聞社から出ています。『働くということ』と『妹たちへ』。四十代、五十代の人たちが、二十代の時に何を思っていたかが書いてあります。

最後に今日のタイトルの意味を話して終わりましょう。「白旗宣言って何や?」と思いますよね。今、情報があふれています。そんな中で、それぞれ自分に合った「働く」論を、例え白旗かかげても、胸はって言えたらいいんです。「適性」なんかあんまり固執しないほうがいいです。学生って情報が少ないし、適性などに重点を置きすぎるより、「これなら嫌じゃないな」と思える仕事を選んで欲しい。それにはまず「就職活動」という機会に頑張って取り組んでほしい。今、離職率が高いけど、まずは皆さん働く現場に飛び込んで! 働くことをびびらないで。何かあれば、私たちもいるので、悩み過ぎないでね。

『働くということ』
日本経済新聞社編。日本経済新聞社から二〇〇四年刊行。

『妹たちへ』
日経WOMAN編。日本経済新聞社から二〇〇五年刊行。

思い出のページ（一九九九年第一期生卒業生へのアンケートより）

これから卒業する方へ、あなたの価値を年収で評価したら？

四七〇万円／昨年の大卒平均に一五〇万円上乗せします。理由は三つ。まず、ますます需要が増すと思われる総合的な知識を学んできたので五〇万円。次に一期生だから自分の意思と力で考え行動する主体性が身についたので五〇万円。三つめは、試行錯誤を繰り返しながら、未知の視点で物ごとを処理できる能力に五〇万円。語学力が求められるならさらに五〇万円を上乗せしたいです。（S・S）

三八〇万円／この三年間でいろんなところへ出かけ、多くの経験豊かな人々と出会うことで貴重な体験をいくつもしました。自由旅行をしたり、研修で国連本部を訪ね、職員の方からお話をうかがったり。またそこでの体験から、学内外で国連に関する勉強会を作ったりもしました。そんな中でたくさんの引き出しを持てるようになったので、これを実社会で活かせればと思います。（M・I）

II

国際現場の理想と現実

パネリスト（順不同）

大城亜由美（三回生）サークル「CLUB　GEORDIE」代表。一般の人を対象に国際交流・協力を広めていこうと、イベント中心に活動中。今回は学生代表として「思い」や「理想」「夢」をベースに質問を投げかける。

瀧本康平（四期）日本の政府開発援助（ODA）の実施機関であるJICA勤務。最初の部署では二年間、青年海外協力隊募集の広告制作に携わる。三年目に人間開発部に移動、開発途上国の教育や保健医療分野に関係する業務を行う。エイズや結核、マラリアなどの予防・診断・治療等について、開発途上国の人たちが自立して対処できるようにするプロジェクトを、アフリカや中米などで現在七、八件担当中。学生時代は「エコハビタット」で代表をするなど、国際協力に進みたいと思ったことから、現在の仕事に。

今西貴夫（一期）大阪大学大学院を経て外務省に勤務して七年目。入省一年目には文化交流の部署で半年、次にロシア支援室に半年勤務。その後二年間ほどモスクワの在外研修で語学を学ぶ。帰国後、この三月まで領事局（邦人保護を担当する部署。海外でのトラブルに巻き込まれた日本人を助けたり、治安情報等を提供する海外安全HPを作るセクション）で働いていた。現在は欧州局ロシア課に在籍。ロシアの外交政策をフォローし、日本の対ロシア政策に役立てるなどしている。三回生の時、国連研修に参加し「日本の人々が国際問題についてほとんど知らない状態を何とかしなければ」と思ったことがきっかけで、学生時代は「ブループラネット」（後に「CLUB　GEORDIE」と合併）で活動していた。

司　会

山崎優美子　学部四年の秋学期に「UNITeS」でフィリピンに行く。その経験を踏まえ、現在は教員を目指して総合政策学部研究科で開発教育を研究中。

コーディネーター

白岩正三（一期）総合政策学部在学中「CLUB　GEORDIE」を設立、豊中市政研究所を経て、現在、豊中市会議員。

学生としての国際協力　社会人としての国際協力

山崎　本日は大城さんが学生代表として多くの学生が抱く悩みや質問を投げかけ、今西さんと瀧本さんに答えていただくかたちで進行したいと思います。一問目は「学生・社会人としての国際協力」です。

大城　質問にはいる前に（参加者に）皆さんに質問ですが、「開発教育」を知っている方はいらっしゃいますか？　また、国際問題に関心がある方はどのぐらいいらっしゃいますか？　私は「ＣＬＵＢ　ＧＥＯＲＤＩＥ」で学生という視点から開発途上国をとりまく国際問題に関わり、ストリートチルドレンや子ども兵など困っている人たちになんとか直接支援できないか活動しています。その基盤は「その人たちに何かしてあげたい」「救ってあげたい」という思いです。お二人はそれを職業とされています。夢や思いだけでは上手くいかない現実をたくさん見てきていらっしゃいます。学生時代にサークルで活動されていたと伺いましたが、職についてからのジレンマ、ギャップはありましたか？

瀧本　僕自身も学生時代にエコハビで、フィリピンで家を建設する活動をしました。モチベーションの基盤は「人のために何かやってあげよう」でした。し

ＣＬＵＢ　ＧＥＯＲＤＩＥ
総合政策学部において、草の根レベルの国際交流支援推進を目的に一九九五年に設立された学生団体。
http://www.club-geordie.com/

UNITeSでの活動（スリランカ）

JICA
独立行政法人国際協力機構の略称。

専門家
JICAから技術協力で、途上国等に派遣される専門家。

かし「現状を見て自分が成長したい、学びたい」という思いもありました。それがあればこそボランティアを続けることができた気がします。

一方「仕事」となると「思い」は二の次になります。JICAの感染症対策のプロジェクトで例をあげれば、世界の三大疾病の一つのマラリアについて、ニジェールでの感染者数を減らすということで、五年ぐらいの範囲でどれだけ実行できるか目標を設定します。期限内に目標を達成するため、日本から専門家を派遣したり、物資を供給しながら、逆に途上国の人を日本に受け入れます。税金を使うので、責任を持って成果を出せるように心がけています。

専門家とは仕事のことで喧嘩もします。こちらは保健医療や感染症の知識が豊富なわけではない。専門家に対して「知ったフリ」をしながら「こうしましょう」と言うこともあります。今は東京新宿のビルで事務的作業をしているので、現場で子どもたちの笑顔を見るのは三ヵ月に一度程度。つらいと思うときもありますが、子どもたちの笑顔を思い出して乗り切ります。

もう一点、学生時代との違いですが、サークルでのイベントでは参加者の反応を見て「ここは良かったね、悪かったね」と反省できる。企画の最初から最後までプロセスに関われる。しかし組織では、事務処理など「本当に子どもた

青年海外協力隊
ＪＩＣＡからボランティアとして派遣され、開発途上地域の住民と一体となって、当該地域の経済及び社会の発展に協力する。

ちに役立っているのかな」と思う時がある。でも、そうやって専門家や青年海外協力隊の活動をサポートするのが仕事なので、自分をこらえる。黒幕じゃないですけど、仕事を選んだ時からそんな立場を分かっているつもりでも、ジレンマを感じるところです。

今西　七年間働いてきましたが、やりたいと思った仕事ができないことがあります。外務省の仕事は幅が広く、思う仕事に就くのが難しいことがジレンマです。外務省は華やかなイメージがあって、国際援助などを想像しがちですが、やっていることはむしろ日本のためです。どうしたら日本の国際的立場を良くすることができるか、各国と仲良くして安全を守れるかということです。そのこと自体については、日本に軸足を置きながら働きたかったし、自分に合っていると思います。もう一つ、時間的なコントロールが難しい。やりたくない仕事を徹夜でしなければならないと、「なんでこの仕事をしているのだろう?」と思うこともあります。長い目では、そんな仕事も役に立っていると思いますが。

やりがいや達成感を感じるのは結果が見えた時です。その時は「やって良かった!」。就職して一年目の二〇〇〇年に、Ｇ８の沖縄サミットがありました。

その時、就職一年目の八〇人が全員沖縄に出張しました。外務省の仕事の分け方に「サブ」と「ロジ」があります。サブはサブスタンス（＝本質）で、例えば、日米首脳会談で首相に何を話してもらうか考える。ロジはロジスティック（＝兵站《へいたん》）の略で軍事用語の補給などを指します。日米首脳会談の例では、「京都にブッシュ大統領が来る」「何時何分に京都のどこに車を手配して、会談の会場にはイスを何個用意して」といった下準備です。一年目はロジの仕事ばかりです。沖縄サミットでもプレス対応で「記者さんが入る線はここで」とアレンジして、終了後「ああ、ひとつ終わった！」と達成感がありました。

モスクワにいた時に、天皇皇后両陛下の東欧四カ国歴訪で、ポーランドに応援出張しました。両陛下が現地で友好を深める。それで日本を好きになるポーランド人が増えたら嬉しい。それも達成感がありました。

邦人保護の部署では、二年前、スマトラ沖の大地震と津波でタイのプーケットなどに大きな被害が出ました。災害直後はグチャグチャの状態で何もわからない。旅行者にも全く連絡が取れない。安否照会の電話がすべて外務省のうちの部署に殺到します。宿を決めずに「次はここに行こう」といった感じで旅行している人は、事件や事故・災害があると、通信手段が無くなってしまう。親

UNITeS（国連情報技術サービス）
関西学院大学では、国連ボランティアの一環として、開発途上国での情報格差解消等を目指し、学生を情報通信技術ボランティアとして派遣している。

UNITeSでの活動（モンゴル）

族が心配して電話をかけてくる。災害後二、三ヵ月連絡が取れない人がいたのですが、僕がその安否確認の電話を取ったもので、最後まで担当しました。青森県の人で、インドとスリランカを旅行していたようですが、向こうの出入国記録やクレジットカードの使用履歴を調べて、最終的に春ぐらいに見つかりました。その時は、僕も自分の家族のように「ああ、見つかってよかった！」ということもありました。

大きな目標ばかり追っていると「このままで、こんな大きな目標が達成できるのだろうか」といったジレンマに陥ったり無力感にとらわれたりする。大きな目標も大事にしながら、ちょっと頑張ったら達成できる小さな目標もいくつか持って、一個一個積み重ねていく。そんなやり方もありかなと、僕も最近そんな感じで毎日働いたり、生活しています。

山崎　自分の成長をどう考えるか、プロジェクトの進め方と関わり方のスタンスに、学生と社会人との大きな違いを感じました。私はＵＮＩＴｅＳで三ヵ月ほどフィリピンで活動しました。ボランティアという立場も難しくて、私の場合ｗｅｂやＩＴに優れているとはお世辞にも言えず、しかも現地のミーティングで初めて具体的な仕事がわかった。実際、先方は、自分が考えていた以上のことを期待していたので、プレッシャーに押しつぶされそうでした。関学代表として派遣されたので中途半端にはできない。自分がどこまでできるか相手にしっかりと伝えて「ここから先は出来ないから、他の案を一緒に探していこう」と、まず自分の能力を知るのが大切と学びました。今、今西さんが社会人となって「七年間でやりたい仕事を本当にできたかと言ったら、なかなか難しい」と言われたのですが、そうした積み重ねで成長するのだなと感じました。

それぞれのキャリア・パスについて

山崎　大城さんは「CLUB　GEORDIE」の代表を務めていて、将来、小学校や中学校で開発教育に携わりたいということですが、そのあたりはどうつながるのかお考えはありますか?

大城　話が前後しますが、私が国際協力・交流に関心を持った理由について説明します。高校時代のイギリス留学で、現地校で政治のクラスをとりました。でも政治用語って全然わからへんし、英語も全然わからへん。先生がストリートチルドレンの問題を講義して、「こんな状況に置かれた子どもたちがいるん

ストリートチルドレン
「住む家がなく、路上で物乞いや物売りをして暮らす子供たち」(『広辞苑』より)。特に第三世界の都市で問題となっている。

エコハビでの家建設の現場（ホームページから転載）

や」と初めて知りました。その後で「貿易ゲーム」をしました。これは「世界の不平等」をロールプレイで体験するものです。初めはわけがわからなかったけど、後で先生が種明かしをして、「これが南北問題なんだよ」と教えてもらって「こんなことがあるんや」と衝撃を受けた。

大学に進学して、少しずつで良いから本腰を入れて何かしようと「ＣＬＵＢ　ＧＥＯＲＤＩＥ」の活動をしています。活動していても「何でこういうことが起こるんやろ」「何でこんな解決できへんのやろ」と壁にぶつかるばかりですが、でも知れば知るほど何とかしたい。将来は教師という立場から、子どもたちに世界の現実を少しずつでも教えることができればと思っています。難しいことを言うのではなく、ゲームや絵本といった簡単な物を使って教えていきたいと思っています。

山崎　瀧本さんはＪＩＣＡ、今西さんは外務省で働いて、その前に大学院も行かれた。なぜこの道を選んだのか、理由や経緯について、学生へのアドバイスも含めてお願いします。

瀧本　今の職場を希望した理由は二つあります。一つめは、学生時代にフィリピンで途上国の現状を肌で感じて。これだけじゃ足りないと、一年休学してザンビアでＮＧＯのインターンをしました。そこで新しい発見もありましたが、逆に「自分自身って無力だな、半年アフリカにいたからって何も出来なかった」そんなことを思いました。でも、試行錯誤の中でいろいろ吸収できたし、多少のことじゃビビらないようになって、自分自身も成長できた。

ＪＩＣＡの面接では「そんな機会を他の人にも知って欲しいし、提供したい」と言いました。就職して最初の部署は青年海外協力隊の募集が担当で、日々協力隊の素晴らしさを訴えるところで、ピッタリだったのですが。もう一つは、やはり自分自身が仕事を通して成長したい。途上国に触れていろんなことを学ばせてもらいましたが、「学びながらお金ももらえたら」と。ちょっと不純かもしれないけれど、仕事を探したらＪＩＣＡがあった。

一回生の方はこれから何年も総政にいるわけですね。視野を広く学んで下さい。例えば私自身の仕事では「マラリアを無くそう、感染者を減らそう」と考える時に、医学的知識も必要ですが、もう少し広く捉える。例えばニジェールでマラリアが流行っていて、でも政府にはお金がないといった場合、ニジェール政府に協力する際には「マラリアという病気でこれぐらいの経済的負担がかかっていますよ」といったコスト分析などの経済的視点も必要です。さらに「マ

マラリア
ハマダラカによって媒介されるマラリア原虫が、赤血球に寄生することによっておこる感染症。三日熱、四日熱、熱帯熱などに分類される。世界の患者は三―五億人にのぼる。ワクチンや効果的な予防薬はなく、蚊への対策が重要。

ラリアを予防しましょう」という国際的枠組みで、G8でのイニシアチブを取る。そして、「蚊帳をどんどん配りましょう」といった政策を提案しながらプロジェクトを練る、そんな視点も必要です。

マラリアは蚊が媒介するので、プロジェクトでは「蚊の生態はなんやねん」といった話題もあって、生態学も関わってくる。範囲が広い。今振り返れば、「総政で良かったな」と思う。総政の勉強って少しずつかじってますよね。学生時代は「特に専門性もつかないし、自分は何やっているんだろう」と思っていたのですが、今になると「この言葉聞いたことある」とか、経済や政治、宗教といったアレルギーも無い。「授業に出てて損しなかった」と思いました。

もう一つ、学生時代は好きなことをとことん突き詰められる時期です。親や周囲の環境が許してくれたからでもあるけれど、私は一年間休学してアフリカに行きました。例えば、今、パッとアフリカに行こうと思い立っても、難しい。何か思い立ったら、その場で実行しておくのは、とても大事です。

今西　外務省を目指した一番大きな転機は、大学三回生の国連研修ツアー、現在の国連セミナーです。外務省用語で「国連代」、国際連合日本政府代表部といって、国連での日本大使館のような部署の方々のお話を伺う機会がありました。

国連セミナーでの研修

それが自分にヒットして、日本に軸足を置きつつ国際的な仕事をする姿がカッコいいなぁと思った。そのお話の中で「昔から言われるけれど、日本は本当の友達がいない国で、ちょっとでも友達を増やすために頑張ってる」と言われて、僕は日本史も日本も好きやったんで、そういう仕事がしたいなと思ったのがきっかけです。それが三回生の八月ぐらいです。

それまでは、四回生になる前くらいから就活を始めて、普通に就職しようと思っていました。でも、せっかくならやりたいことやろうと、まず就職活動をやめて大学院に行こう。その時にもう一つの興味・関心が、高校三年の時の阪神大震災がきっかけですが、市民社会です。市民社会とかNGOを研究するメッカが大阪大学の国際公共政策研究科で、そこを目指して受験勉強を始めました。

大学院修士課程は二年間。僕は慎重に慎重を重ねるタイプなので、学部四回生から「大学院修了後、何になろうかな」と考えて、その時に国連研修ツアーの経験が大きくて、外務省がいいかもしれない。そこに入るために、セカンド・スクールにも通いつつ勉強した。そして大学院一年目で受かってしまいました。大学院二年目で就職、大学院にも在籍中で、論文提出したら良いだけだった。

皆さん、例えば外務省やJICAでも興味があれば、ぜひ、そういう職業に

国連研修ツアー

総合政策学部が初の実施

総合政策学部は、学生を対象に八月三日から十五日まで、米・ニューヨーク市の国際連合本部を訪れ、会議を傍聴したり、地球規模の問題について講義を受ける「国連研修ツアー」を初めて実施する。

総括ディレクターは元国連経済社会開発局官房長の田島幹雄総合政策学部教授。現地では、国連本部職員や日本国連代表部から講師を招いての講義、会議の傍聴、アメリカ国連協会での英語による討論などが企画されている。対象者は総合政策学部の二・三年生十五人と他学部の三年生以上および大学院生で、四月に両キャンパスで説明会が開かれ、計二十人が決まった。費用は三十三万円。同学部では、「国際公務員を目指している学生には準備のための理想的な機会」としている。

国連研修ツアー（現国連セミナー）を紹介する記事
関学ジャーナル 1997 年 5 月 30 日

国連セミナーでの記念撮影

ついている先輩に根掘り葉掘り聞いてみて下さい。良いことも悪いことも言ってくれる。それを踏まえて、最終的に自分で決めたら良いと思います。できれば、その職業に近い仕事をしている人にも話を聞く。すると、実は自分はこっちのほうが目標に近いんじゃないかと気づくこともある。仕事をすることは目的を達成するための手段だと思うんですね。そして一番効果的な手段を探すのが就職活動です。その仕事にどんなメリット・デメリットがあるか、いろいろ聞いたりするのが良いかと思います。

学生時代は旅行や様々な活動に参加したら良い。学部では「他学部に比べてレポートや宿題、プレゼンテーションやら忙しくて暇が無い、バイトもやってたらキチキチキチやし！」と思っていましたが、大学院の時は「学部ん時は楽やったなぁ」、社会人になると「大学院は時間があってよかったなぁ」。一番後悔しているのは、もっと読書すれば良かった。国際関係だけではなくて、宗教、経済、社会関係、エコロジー、昔の有名な文学作品も。周りの人が読んでいるのに自分が読んでないと話についていけず、読んどきゃよかったと思います。社会人でも勉強は続きます。仕事をしているとわからないことが出てきて、日々勉強です。アンテナを張り巡らせて、広く関心を持って、パンクしない程度に勉強したら良いのかなと思います。

最近は自分が就いた職業が合わないと転職する人も多い。私の同期、外務専門職という職種ですが、一種と専門職あわせて八〇人ほどのうち、すでに一〇人くらい辞めています。社会人でも方向転換をしようと思えば普通にできます。その辺は思い切って、自分のやりたいことに飛び込むのが良いかと思います。

質問と討論

山崎　会場の皆さんで、質問がある方はいらっしゃいますか。

参加者　大使館でインターンをした友達がいるのですが、国連やＪＩＣＡ、外務省に入る方のなかに、いろいろな現場体験を積まれている人がけっこう多いと聞きました。

今西　外務省の同期では、社会人経験者もいれば、僕みたいに大学院から来る人、学部卒の人もいます。ＮＧＯでしばらく働いてから、今度は官の立場からと来られた人もいます。ただし公務員ですから試験を受けなければいけなくて、それには年齢制限があります。うっかりすると年齢オーバーします。もっとも

在外公館
国が外交や自国民保護等のため、国外に設けた施設。大(公)使館、(総)領事館、政府代表部等。

ゼネコン
建築・土木工事を一括しておこなう大手の建設業者のこと。

最近は中途採用もあります。他に専門調査員・派遣員という仕組みもあります。二年くらい在外公館で働いてから中途採用になる方もいます。

瀧本　ＪＩＣＡでは、私の同期の新卒は三八人でした。三分の一が院卒、三分の二が学部卒です。理系が三分の一、文系が三分の二くらい。男女では女性が三分の一、男生が三分の二ほどです。ペルシャ語を話すことのできる同期は、サウジアラビアとその周辺の中東を担当していますが、小松菜を研究していたという農学部卒の人がいたり、マスコミをやっていましたという人もいて多様です。

　私は色がついてない「今から学びます」という感じで、決して国際型の人ばかりでありません。社会人でも、ゼネコンやマスコミ出身者もいれば、国際協力畑で国連職員やＮＧＯだった人もいます。マネジメント的な仕事だと、いろんなことを知っている必要がありますが、専門的に「それしかわかりません」と突き詰める必要はない。その一方、現場で働く専門家の人たちでは専門知識が必要で、大学院で修士号を取ったり、現場経験がある人も多い。

　だから、マネジメント方面に行きたいか、現場で専門性を高めて働きたいかで異なってきます。例えば、専門家になるために若いうちからボランティアや

マイクロクレジット
途上国等において、金融機関から融資を受けられない貧困層を対象とする小額の融資。

ユヌスさん
ムハマド・ユヌス（一九四〇―）。バングラデシュのグラミン銀行総裁。経済学者。マイクロクレジットの創始者で、二〇〇六年ノーベル平和賞受賞。

青年海外協力隊で経験を積んで、それを仕事とする人もいます。私の親友の総政卒業生に、銀行で二、三年ほど働いた後、協力隊に入った人がいます。今はジブチというアフリカの国でマイクロクレジット、この前ユヌスさんがノーベル平和賞を受けましたが、貧困層にお金を無利子で貸して、起業したりするマイクロファイナンスを担当している。銀行での金融の経験をいかして、彼は大学院に進んで専門性を高めたいと言っていた。

参加者　二つ質問があります。みなさんは組織に所属されていますが、その組織の中で一番力をいれていることは何ですか。二つめは自分が所属している組織を利用して、自分が成し遂げたいことは何ですか。

大城　難しい質問ですね。「CLUB　GEORDIE」のスタッフは七〇名弱、まとめるのは大変です。いろんな背景や思い、夢を持って、多様性がある分、層が厚い。一つトピックを投げかけたら「それやりたいです」「こういうことならできます」と三、四倍の答えが返ってくる。この層の厚さをイベントやプロジェクトにどう活かすかを念頭においています。

もう一つ力を入れているのは、組織を維持しながら拡大することです。今年で一一年目、サークルや学生団体で一一年も続くのは結構稀です。これも先輩方が少しずつ活動してきた成果が今につながっているので、私たちもさらに一〇年、二〇年と続けていきたい。でも、ずっと同じお湯に浸かっていても面白くないし、発展も見込めない。少しずつでも外を見ながら拡大していく。その二つを念頭に置いています。

活動を通して成し遂げたいのは、関心を持ってもらうこと、これにつきる。人の意識や気持ちを変えるのはめちゃくちゃ難しいじゃないですか。どれだけ「自分がこうしたい」と主張しても、相手が応えてくれなかったら終わってしまう。だから少しずつでも訴えて、訴えて、訴えて、わかってもらう。

とくに、国際協力は特別なものじゃないということを、多くの人に広げたいと思います。多くの人は、国際協力は外務省やJICAが行うと思っている。政府の重要なポストに就かなかったらできないとか、国連で働かないとできないとか。でも、自分の日常生活からも国際協力への一歩を踏み出せるはずです。少し飛躍しますが、環境に配慮してスーパーのレジ袋を使わない、あるいは箸を持ち歩きますとか。

瀧本　組織の中で力を入れていることは二つあります。まず、今の部署には感染症対策チームとして八人ほどいます。その中でもエイズや結核はメインで、大きなプロジェクトがあります。実は、八人のうち七人はエイズや結核を担当しています。一方、マラリアも含めて「寄生虫症」と呼ばれるものは、私が八割くらい担当しています。

エイズのようにメジャーな病気は注目を浴びるけど、寄生虫症というとなにかマニアックな空気が漂います。病気としては大事な分野なのですが。私の本棚には寄生虫図鑑が常にあって、「寄生虫といえば瀧本あり」という感じにしたい。若手でも、寄生虫についていろんな質問が来るように究めていきたいと思っています。

もう一つは、保健医療協力ではＪＩＣＡ以外に、ユニセフやＷＨＯ、アメリカの援助庁もあり、協力しています。その中で「ＪＩＣＡという組織が強みを発揮できるのは何か」と考えます。アメリカと比べて援助額もそれほどない時期もありましたし、その中でどうしたら頑張っているのを伝えられるか、自分でも考えているところです。

仕事を通して成し遂げたいことは、今は国内での業務が主ですが、将来的には海外で仕事をしたい。ＪＩＣＡは一三〇〇人くらいの組織ですけれども、職員として培った経験を活かして、何か新しいことが始められないか模索してい

ユニセフ
一九四六年に設立された国連機関。国連児童基金と訳される。途上国等の児童の救済・福祉・健康改善等を目的としている。

ＷＨＯ
一九四八年設立の国連機関。保健衛生を向上させるために、国際協力をおこなうことを目的としている。

る状態です。

今西　まず大城さんのご発言に関連して、「政府の偉い人が国際協力を行う」というイメージがあるかもしれませんが、実際に活躍するのは現場の人です。「偉い人」は意思決定するだけの頭脳ですね。例えば、外務省では東京本部が頭脳で、各国大使館やJICAは手足、つまり実働機関です。私も、手足の現場で働くのが合っているのかなと考えることがあります。

組織で力を入れているのは「自分のパワーアップ」。組織を使って成し遂げたいのも「自分のパワーアップ」です（笑）。今、僕はロシアの外交政策をフォローしています。「ロシアの外交政策は今西に聞け」と言われるくらいパワーアップしたい。前の部署では邦人保護で、ヨーロッパと北中南米の治安情勢等を扱っていたので、「ブラジルの治安のことなら……」と言われるようにパワーアップしたい。

学生のころ思い描いていたのとはギャップがありますが、目の前の仕事が第一で、まずそれを一生懸命やって一目置かれる存在になりたい。うちの部署は異動が激しいので、その時々の部署で一生懸命やって、また次に行く。そうした経験が自分にとってプラスの引き出しになってどんどんパワーアップしていきたい。
力を入れているものに「組織に染まらない」ことがあります。大きな組織だと「おかしい」と思うことが見えてくる。それを意識しながら、組織以外のところにも力を入れる。僕は外部の研究会に参加したり、いろんな業界の話を聞いたりしています。目の前の仕事を精一杯努力して、パワーアップしながら少しでも自分の目標に近づきたいと考えています。

参加者　お二人とも行政の組織で働かれている。トップが変われば政策の転換があると思います。JICAでは緒方さんの就任後、現場主義に変わったと思うのですが、そんな方針転換にあたって、ジレンマや、逆に自分のためになったことがあれば教えて下さい。

瀧本　JICAは今から三年前、UNHCRでトップをされていた緒方さんが就任されました。それまで外務省出身者が続き、初めて民間から来られて、もう三年経っています。その時は私もびっくりして喜びました。私がJICAに入って半年で理事長が替わって、それまでみんなで「現地の事務所が予算の権限等の決定権を持つのが良い」と話すだけだったけど、緒方さんが言い出してから一気に話が進んだ。「在外の事務所の人数を増やす」「在外事務所の決定権

緒方さん
緒方貞子（一九二七―）。国際政治学者、国際協力機構理事長。元国連難民高等弁務官。

UNHCR
国際連合難民高等弁務官事務所。一九五一年に設立された国連の難民問題の専門機関。本部はスイスのジュネーヴ。

を増やす」といった一つのプロジェクトの方向性を決めるのも、今は半数以上が在外事務所で決めるようになっています。それまでは、細部がわからないまま本部で年間計画の最終決定をしていたんですね。実際に現場にいるからこそわかる必要な人員も本部で決めていた。だから、みんなが疑問に思いながらもできなかったことが進んで本当に良かったです。

山崎　今回のテーマは「国際現場での理想と現実」。現実は大変という話もありましたが、そんな現実を受け入れながら理想や夢に向かって、日々の仕事を通して努力することで成長している、皆さんもそう感じたのではないでしょうか。

III

総政的人生を語る

パネリスト（順不同）
金山浩子（一期）助産師。
宮脇俊郎（三期）ＴＩＳ株式会社勤務。営業。
石橋真理絵（五期）人材派遣コーディネイター。
福田豊生　総合政策学部学部長。

データプレゼンテーション
高畑由起夫　総合政策学部教授。

司会
大西　亮（二期）毎日放送勤務。報道記者。

コーディネーター
荒木澄玲（一期）社会福祉士。住吉・御影あんしんすこやかセンター勤務。

キャリアセンター　関西学院大学キャリアセンターの略（旧就職課）。

写真1　神戸三田キャンパス予定地

はじめに

大西　今回のテーマ「総政的人生を語る」ですが、大きく二つに分けたいと思います。まず「総合政策学部とは何か?」。学生の皆さんは周囲から「なんで総合政策学部に行くの?」と尋ねられたかもしれません。卒業生は社会に出てから「総合政策学部って何してるの?」と聞かれたと思います。もう一つはキャリアセンター提供の就職データを「たたき台」にしたいと思います。それではまず、高畑先生から学部開設のころの画像を紹介していただきます。

高畑　議論への導入に、総政の歩みを画像でまとめました。卒業生の方は思い出に、在校生の方はこれまでの経緯に親しんでいただきたい。まず写真1は荒地が広がっていますが、このキャンパスのもともとの姿です。写真2は一九九五年春、一期生の入学直前、竣工間近の神戸三田キャンパスです。

　さて、本日の大きなテーマでもある「総合政策学部とは何か?」。この学部の骨格を作った初代学部長の天野明弘先生、当時ヒューマン・エコロジー入門を講義していたG・マーテン先生、そしてお亡くなりになった前学部長の安保則夫先生の言葉を紹介します。こうした先生方の思いはどうなったか?　これ

写真2　一九九五年初春、竣工間近の神戸三田キャンパス

からの議論に先走るわけですが、私個人はかなり達成されたと思います。

▼ポジティブに時代とかかわれ……………………天野明弘先生

現在、世界には地球環境をはじめ、様々な問題が累積している。これらの問題解決には、既存の学問領域を越え、経済学、社会学、法学、いや工学の知識さえもが必要であろう。同時に、自身の人間性や視野をも広げて、次世代、さらにその次の世代とを考えて解決法を導き出せる「幅広い人材」こそが今求められている。ただ教わるだけではなく、自分で何かを見つけだそうという姿勢こそが総合政策学部の学生にはふさわしい。

▼エコロジカルな視点から社会を見据え、あるべき政策を決定する……………G・マーテン先生

ヒューマン・エコロジーとは、生態学の概念を取り入れて発展したもので、「人と人」「人と自然」は持続し得る関係を築けるのか？　など、エコロジカルな観点から現代社会の様々な問題が見えてくる。身近な題材に基づいてシステム分析の手法を学び、次に現実の問題をとらえてプロジェクトに配り組む。本学

部はヒューマン・エコロジーをもとに政策研究までも行う、私の知る限り、世界でも初めての学部である。

▼明日を見る学部にふさわしい自己形成を………安保則夫先生

一九―二〇世紀、工業化と都市化が発展の指標であった。その結果、環境汚染が地球規模で進行し、効率重視の経済学では対応が困難になった。環境と人権を座標軸に掘えた新しい経済社会の実現に向けて、価値判断の基準そのものを大きく変えねばならない。総合政策学部の学生は、これまでのように効率一辺倒の社会に順応することだけを目標とするのではなく、自らの個性をしっかりと打ち出しながら他者との共生を図ることができる、そんな人格形成を目指してほしい。

＊＊＊

学部開設当初の新入生は、マーテン先生の「ヒューマン・エコロジー入門」の講義が全部英語で、びっくり仰天していた。今は日本語の授業ですが（卒業

天野明弘先生（一九三四―）
初代総合政策学部長、二〇〇一年度まで総合政策入門等を担当。専門は環境経済学。

G・マーテン先生（一九三九―）
二〇〇四年度まで、ヒューマン・エコロジー入門等を担当。専門は生態学。

安保則夫先生（一九四六―二〇〇三）
二代総合政策学部長、社会保障論等を担当。専門は社会労働史。

ヒューマン・エコロジー
人間と環境との関係を総合的な視点から扱う研究分野。人類（人間）生態学等と訳される。主に自然環境と人間の活動、社会・文化、都市化と産業化等をテーマに、地域政策研究の基盤をめざす。

生から「あっ、そうなのか！」との声）、卒業生の方は驚いていますが、これが「世代ギャップ」ですね。

もう一つ、開学以来の総政のスタンスに、このリサーチ・フェア自体がそうですが、学生と教職員のコラボレーションがあります。この点については、パネリストの皆様からそれぞれご紹介いただけるものと思います。

それぞれの学生時代

大西　今日は一期・三期・五期生の方、そして一年目から学生の移り変わりを見てきた福田先生にパネリストをお願いしました。まず、一期生でもちょっと変わった人生を歩まれた金山さんから、自己紹介も織り交ぜてお話下さい。

金山　もう三〇歳、学校にいたのは大昔で、思い出すのが大変かなと思いきや、この教室に座っていたのもつい先日のようです。

まずまじめな話から。入学記念式典で挨拶させてもらったこともあって、勉強内容が面白くって。高校までの勉強は現場から離れたことばかり、今まで良いと思っていたことが、実は必ずしも良くなかったとわかる。「そうやったん

開設記念式典を挙行

総合政策学部

地球に愛される人に
学生代表金山さんが挨拶

総合政策学部開設記念式典が五月十三日十時三十分から神戸三田キャンパス体育館で文部省、兵庫県、三田市、日本私立大学連盟、学院関係者ら約四百五十人を集めて行われた。

式典は中西格郎学院総務部長の司会のもと、関西学院ハンドベルクワイアの演奏に始まり、船本弘毅学院宗教総主事が聖書朗読の後、祈祷。続いて宮田満雄院長、柚木学学長、天野明弘総合政策学部長が式辞を述べた。その後、同学部一年生の金山浩子さんが「大学は知識を詰め込むだけでなく、社会から必要とされる人間に自分を育てる所。魅力あふれるこの学部で、地球から愛される人になりたい」と学生代表として挨拶し、大きな拍手を得た。

文部省からは与謝野馨文部大臣代理として、同省高等教育局私学部学校法人調査課長久賀重雄氏が出席、「伝統ある関西学院に〝地球規模で考え、足元から行動を起こせ〟を理念としたこの学部は誠に機を得た学部である。二十一世紀をめざし、文化の香り高い国家として発展するために、一層個性豊かな発展を望んでいる」と祝辞を述べた。

さらに今井和幸兵庫県副知事、塔下真次三田市長の祝辞の後、鳥居泰彦日本私立大学連盟会長・慶應義塾長が「大学には文明の継承、知的生産、人格の陶冶の三つの使命がある。学院の百六年の歴史はこれらの使命とキリスト教主義学校としての役割も果たしてきた。そして二十一世紀にこれらの使命を果たすために総

力強い挨拶の辞を述べる学生代表の金山さん

1995年5月の開設記念式典を伝える新聞記事

関学ジャーナル 1995年5月30日

産婆
女性の妊娠・出産を監督・ケアして、分娩介助をおこなう職で、助産師とも呼ばれる。日本や欧米でも、一八―一九世紀まで、出産は産婆が扱うのが普通だったが、近代医学の発達とともに、出産は医師の指導のもとに病院でおこなうようになってきた経緯がある。

や！」という感動がようさんありました。

一番感動して、今も生活に根付いてるのは「科学が自然環境を破壊した」です。最初に習いますよね。好むままに勉強した結果、「医療が（ヒトの生活に）介入している」。例えば「お産の邪魔をしている」。それが私の哲学となって「介入せんと、自然が持っている力を発揮させる」、これが私の生きていく上でのモットー、この学校で身についた考え方です。

お産が医者の独断と偏見、経済性に影響され、何にもなくても産めるはずのお母さんが「何にもなしでは産めへんお母さん」に変えられてしまった。卒業するころにこんな結論にたどりつき、「私のライフワークはもう助産婦や」しかも「産婆や」。家で産むお母さんを増やしたい。それも心配しながら産むのではなく、自信をもって産む。必要な時はちゃんとネットワークでつながる。それが「お母さんを最高にエンパワーメントする」ことになる。そうやって助ける人になりたいなと考えて、今、助産婦をしています。

「ファミリー」に軽く触れます。当時は入学者が三百人しかいなくて、全員の顔を知っている。サークルもないから、「自分らでサークルしなあかん、楽しくしなあかん」という意識が強くて、実際自分らでするから面白い。勝手に

SE
システムエンジニアの略。企業において、情報システムの設計や開発、運用に携わる職を指す。

高等部・内部生
関西学院高等部（高等学校）のこと。ほとんどの生徒が関西学院大学に進学する。大学生の間では、高等部出身者を「内部生」と呼ぶことが多い。

人が集まって、おんぶに抱っこがない。それが私の学生生活でした。今はなくなってしまったけれど「ナチュラル・ハイ」というサークルで、学部できたてやったから周りの人も興味もって、キリンビールと協力して企画作ったりとか、議員さんたちとごみ問題を訴えている人を掴まえて勉強会したり、ちっちゃな世界が一気に広がったような学生生活でした。

大西　その後人も増え、学校の特色が生まれてきたのが三期生のころかなという気がします。宮脇さんにその当時を語っていただきたいと思います

宮脇　ＴＩＳという情報系の会社で営業しています。ＳＥで入社しましたが、人と接するのが楽しくて、今は営業で毎期ごとに泣きながらどうしようかと思っている日々です。

学生生活を一言で振り返ると「忙しい」です。高等部出身の内部生で、友達が各学部に点在していました。入学して「違うなぁ」。空気がきれいで周りに何もない。これで良いのかなとも思ったけど、友達と一緒にだべるのが良かった。一期生とは多少違うかもしれませんが、共通点として先輩・後輩というより友達感覚です。同じ授業出て顔を知っていたらイコール友達といった。

他学部に入った友達に「総政って何をやってるの」ときかれて「朝から晩ま

で学校おってね。出席取られるし、勉強してるわ」。英語も厳しいクラスで、朝五時ぐらいまで辞書を片手に本を読むこともありました。良かったことは、暇な時間に先輩、後輩含めて、いろんな人と話せる。友達の家で朝二、三時までだべって、とりあえず「寝ようか」と寝て、起きてまただべってから大学へ、半分寝ながら授業を聞いて怒られる、という生活です。そんな一つ一つの議論が良かったなと、学生生活の四年間を思っています。

大西　続いて五期生です。一期生も卒業して「新しく一から」の時代でなくなった。ここまでのお話について「私たちと違うな」という点も含めて、学生生活を振り返って下さい。

石橋　入った時に「とにかく何もないな」。イメージしていた大学生活はもっと華やかで、コンパやサークル、テニスとかやってみたいなと考えていました。上ヶ原キャンパスで受験した時「私はきっとここで愛を語らうんだろうな」と思ったのに、蓋を開けたら四月やのに寒いし、何も無い。おる人も皆、もさい、ジャージやし。そういう大学でしたよね？

（参加者に）皆さんおしゃれですね。昔は違いますよ、もさい、田舎みたいな感じでしたね。五期生として学生生活を送る中で、先輩たちが作ってこられ

3年目の関学神戸三田キャンパスから

ニュータウンの大学 ▷▷1

「総合政策」の在り方を模索

◇

北摂ニュータウンにできた関学大神戸三田キャンパス。三年目を迎えて、千百人余の学生が通うようになった。都心を離れニュータウンに新天地を求めた大学の挑戦、そして「総合政策」という新しい学問分野。二つの〝新しさ〟を背負う学生たちは、しなやかに動き、新旧の地域の中へ入り込んでいる。そんな姿を報告する。

1期生の誇り

「分科会のテーマは、地方分権に沖縄、環境あたりがいいかな」

「とにかくディベート（討論）が盛り上がればええやん」

京都・衣笠。立命館大セミナーハウスの一室で、学生十人の熱っぽい議論が続いた。先月末の土曜日のことだ。

慶応、中央、立命、関大、そして関学。五大学のメンバーで組織する「政策・情報　学生交流会」。

九五年六月から毎年数回、二百人規模の学生を集めて大規模な交流会を開いている。この日は関西地区のスタッフの打ち合わせ。八月に関大で開く交流会がテーマだ。

ここ数年、相次いで創設された政策科学系学部。環境、国際、情報…。耳当たりのよい理念が強調されるが、何をどう勉強して、どんな進路が可能なのか。学生には〝感覚〟として分かりにくい。

「一体、総合政策って何なのか、そんな疑問を持つ仲間が自然と集まってできたんですよ」

執行部代表で関学総合政策学部三回生、大橋秀和さん（二一）＝宝塚市＝はいう。

モットーはずばり「モチベーション（動機）＆ネットワーク」。交流会での出会いをきっかけに、さまざまな活動が生まれている。

「新しい大学に新しい学問分野。一期生のボクらの活動そのものが伝統になるわけでしょ。やりがい、ありますよ」

◇

「荒野の荒くれ者」「気楽な次男坊」―。

伝統創造に〝こだわり〟

関西学院大学新聞は今年一月の紙面で一期生と二期生の違いをこう表現した。

「何にもない環境でゼロからつくっていくことを自ら選んだだけに一期生には個性的な人物が多いので

は」と、新聞総部の三田支局長の三回生、山崎草平さん（二三）＝宝塚市＝はいう。

客観的に分析する山崎さんだが、その三田支局の歩みは、一期生の模索そのものだ。

山崎さんがメーンキャンパスの西宮・上ケ原にある新聞総部を訪れて入部したのは入学直後の九五年五月。当初は三田から記事を送っていたが、次第に出稿量が増え、十一月には〝地ダネ〟で埋める神戸三田キャンパス面をスタートさせた。

現在、支局員は二十一人。学生自治会発足への動きや三田市内の商店での学割サービス実施など、精力的な取材活動を続けている。

「新しいものをつくるなんていう機会、めったにないですからね。紙面に総政の成長ぶりを記していきたい」と山崎さん。

関学からずっと学生たちを指導してきたジェラルド・マーテン教授はいう。

「一期生が、二、三期生と違うのは、彼らにはパイオニアとしてのプライドがあるところだね」

◇

▲キャンパスをかっ歩する学生たち。さまざまな可能性を秘めた存在が、地域を変えつつある＝三田市・カルチャータウン

創生期のキャンパスの雰囲気を伝える新聞記事

神戸新聞 1997年6月11日

SAとSCS
Student Assistant および Student and Campus Supporter の略。ボランティアで各種の行事を自主的に運営している。
http://www.ksc.kwansei.ac.jp/scs/

たものって大きいなと思っていました。やっぱり一期生、新学部でこんな山里に閉じこめられるわけですから、コミュニティの絆が強く、「学生でも、こんなこともできるんだ」と可能性の大きさに気づかされました。濃いキャラの一期生の方たち、すごかったんですよ。当時の「俺らが大学作ったんだよ！」みたいな、そんな求心力の強い大学も大好きで。「お前そんなんだったら駄目だよ！　甘いよ！」。そんな熱い先輩たちがいっぱい。

そんな人たちが抜けて、私たち五期生は第二期の創世記だったわけです。いろんな学生が入ってミックスされ、三田でもそれなりにおしゃれな人たちが現れて、ダンスやったり、「まさか！」「なんで？」ですよ。そんなニューエイジが出だしたのもそのころ。

それでも一部には、先輩が残した総政ならではの新しいカルチャーや伝統を大事にしよう、「総合政策学部って何やっているのか？　考えていかなあかん」という問題意識で、一期生の時にSAという組織があって、一回崩壊したんですけど、私たちの時にSCSとして作り直して、「総合政策って何や？　もっと皆で熱く考えようや」という大規模な合宿をしました。

大学でそんな生徒会みたいなことをやっているとこないですよ。入学した時に

SCS主催「総政大合宿」でのワークショップ

KSC
総合政策学部がある神戸三田キャンパスの略称。他に理工学部が二〇〇一年夏から設置されている。

感じた「狭い」「寒い」「もさい」「ださい」「ちっちゃい」、そんな欠点かもしれないことが、卒業時にはすごく愛おしくなって、「大学大好きだったな、総政大好きだったな」と卒業しました。自分たちで何かを作る喜び、伝統・カルチャーを作る喜びは、今でも大切な思い出に残っているし、これからの人生でおもんないことがあっても、自分で面白くしてやろうって思えるようになりました。

大西　ニューエイジの石橋さんでした。特に一期生は、新しくこの大学を作っていくんだという開拓者意識にあふれて、僕ら二期生はそんな「良いお兄さん、お姉さん」に比べられて「悪ガキや」と先生から見られ、よく授業をさぼって怒られていました。そんな様子を定点的に見てこられた福田先生に、学部と学生の移り変わりについてお聞かせいただければと思います。

福田　結論から言うと、学生諸君は変わっていません。卒業が八回あって、今一回生は一二期生、時がたつのは早いものです。

今の話にあったように、総政はKSCにできたから良かったのです。上ヶ原キャンパスにできていたら、単なる八番目の学部に終わったかもしれない。一つは上ヶ原から離れていること。もう一つは先生方。今は四五名、当時は三十数名、開校時はもっと少ない二十数名しかいなかった。ほとんどが学外からやってきて情熱があった。皆さんも普通の学生生活を送るつもりで入学したのが、騙されたようなもので「何にもあらへん」「先生も素人ばっかりやん」と言っていると「じゃあどうしましょう?」となって実は可能性がいっぱいある。良く言えば可能性、悪く言えば何にもない。それで定点観測していると、基本的に学生諸君は変わっていない。一期生も特に優れているわけではなく、何にもない環境では人間って変わるんですよ。すべて揃っている上ヶ原ではそんな気起こらへん。

「総政って何ですか?」。一言で言うと、私の専門だけれども「カオスの中の生命誕生」。秩序ができている世界は美しいけれども、発展性はない(=従来の大学)。その対極は「混沌の世界」「めちゃくちゃの世界」。どうしようもない世界でカオスの淵(edge of chaos)にこそいろんな可能性がある。いろんな試みが浮かび上がっては良いものが残り、駄目なものはつぶれていく。それを繰り返していく世界、それが総政だった。秩序のある上ヶ原にあったら駄目だったでしょう。また、まったくのほったらかしでも、これも駄目でしょう。

カオス
混沌、混乱、無秩序を示す言葉。予測できない不規則な状態を示す。

ＫＳＣという何にもない場所で、素人の先生方と学生が集まって、とんでもないものを作ってしまった。総政はできるべくしてできたので、皆の力であり、先生の力であり、環境（＝キャンパス）というこの場の力です。

卒業生はどのように就職していったのか

大西　ここからは議論の一つの指標として就職をとりあげ、その移り変わりやキャリア・パスを議論していきたいと思います。

高畑　お話を聞いていて改めて歴史を感じています。第一回のリサーチ・フェアを開催した時、金山さんの発表は「日本のお医者様」でしたよね。あのころから一貫した道を進んでいらっしゃるわけです。今、そこに座っていらっしゃる児玉志保さんの発表は「ドメスティックバイオレンス」でしたね。石橋さんには、四年前の卒業記念パーティで代表挨拶をしていただいたことを思い出します。

思い出話はやめて「世間はそんな総政をどう見ているのか？」。就職で調べてみましょう。図１は一九九九年から二〇〇六年までの就職データです。この

卒業記念パーティ
総合政策学部では、一九九九年三月の第一回の卒業生以来、一―三年生の学生が自主的に卒業記念パーティ実行委員会（略称卒パ）を結成、宝塚ホテルでパーティを開催している。卒業生の七、八割が参加している。

八年で、他学部に比べて大きく業種が変わりました。一つには、世間の変化があると思います。例えば、始めのころ、関学が伝統的に強い金融系、あるいは製造業に就職する率が低かった。もしかすると当初、企業の方は「総合政策学部は何をやっているかわからん」と手をつけたがらなかったのではないか。そのころ、多くの人が情報系に就職していました。

そのうち世間の見る目が変わってきたような気配を感じます。「総合政策も悪くない」。これは同時に、一期生から世代を重ねられた卒業生の皆さんの努力の結果でもあります。学生自身がいろいろな所で、様々な業種にチャレンジして門戸を広げていった。その結果として、情報系が相対的に減少してきたのではないか。

二〇〇六年にメディア情報学科の卒業生がでました。その就職先は、実は第一期生に似てます。現段階、二〇〇六年三月の就職先で評価すれば、メディア情報学科はよりスペシャリスト的な就職傾向にあり、総合政策学科は十数年の努力・変遷の結果、ジェネラリスト的な位置取り、且つ（環境、国際、都市などの）スペシャリストもいる、そんなふうに落ち着いたのかもしれません。

キャリアセンターから全学部のデータもいただいたので紹介します（図2）。

関学全体でどうやら三つ大きな傾向があります。図では三角形で示してあります。一つは情報通信に強い「スペシャリスト」、これがもっとも強いのは（図では仮名で書いてありますが）理工学部で、開設目的に合っている。それにメディア情報学科が続きます。もう一つは教育・公共分野で、社会学部の社会福祉学科が中心です。別の意味の「スペシャリスト」です。そして、最後の一つは関学が伝統的に強い金融関係と製造業で、中心は経済学部と商学部です。総合政策学科は社会学部の社会学科に近い「ジェネラリスト」という位置です。ところで二〇〇〇年の第二回リサーチ・フェアの学生企画シンポジウムで「ジェネラリストがいいのか？ スペシャリストがいいのか？」を議論しました。この課題はいつまでたっても解けない。日本の会社は伝統的にジェネラリストを好みますが、この学部では英語とコンピュータ、そしてコミュニケーション能力をジェネラリスト的スキルとして習得しながら、自らのスペシャリティをそれぞれ高めるわけで、全員に適合する一般的な答えはない。個人的には、スペシャリティを大学院で深めるアメリカ型カリキュラムにぴったりあてはまると思います。

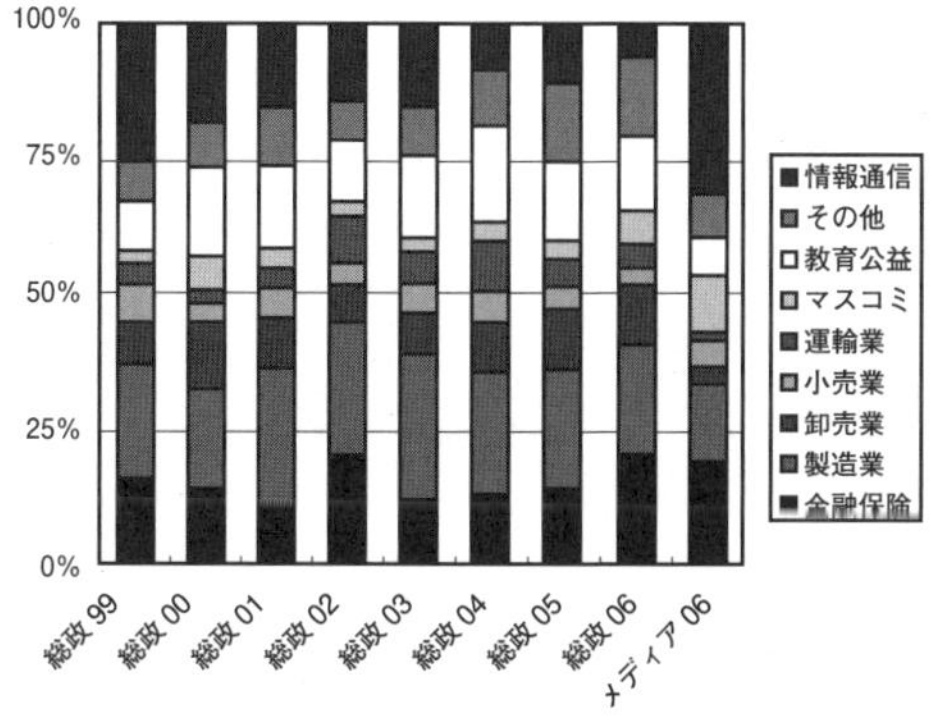

図1　総合政策学部卒業生の就職先業種

さて、図2をどう評価するか、実は難しい。ある人は「総政学科は上ヶ原と変わらなくなった。特色が薄れた」と言うかもしれないけれど、別の人は「こうした多様な位置取りを占めるまで皆さんが頑張った」と思うかもしれない。二つの学科はこれからもさらに変わっていくでしょう。それを決めるのは、今ここにいる皆さんです。

話は少し飛びますが、昨今「大学ランキング」が盛んです。「人事部長から見た大学評価」といったものが出ている。そのベースは先輩の「働き」です。かつての卒業生の活躍で、関学は今そこにランキングされている。だから、一〇年後、二〇年後の総政がどこにランキングされるか、それは皆さんの活躍次第です。その点でも、在校生、そして卒業生の皆さんに大きな期待を持っています。もう一つ付け加えると、この図で落ちている部分も多いのです。例えば大学院を修了してから活躍する人、「国際現場の理想と現実」のパネリストの今西さんは阪大大学院を経て外務的カリキュラムで「ジェネラリティを身につけたスペシャリストを養成するコース」なのです。

大西　一期生の金山さん、ご自身を含め周りの就職活動を見て、このデータと合致しているように思いますか?

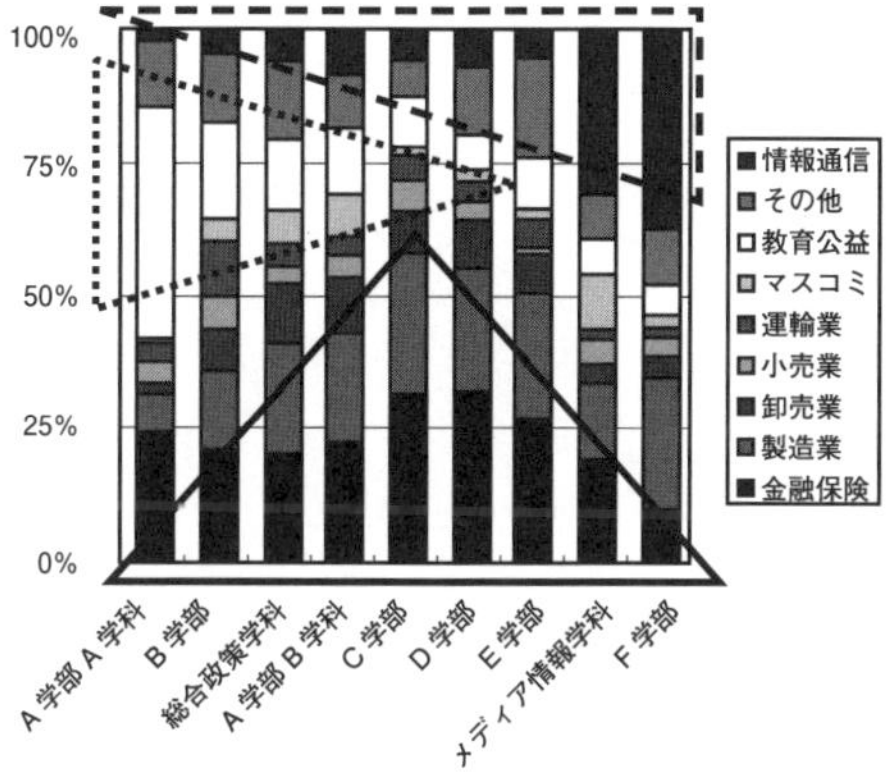

図2　2006年3月卒業生の学部別業種

金山　女子も男子もSEになった人が多かった記憶があります。ただ私の友達には「その他」の枠も多くて、普通に就職しなかった人が多かった。しかも辞めた人が多い。最初に就職した仕事を今も続けている人は一〇—二〇%程度で少ないです。

大西　宮脇さんはどう思いますか？

宮脇　毎年新入社員のアルバムを見ると、総政出身者がいなくなって、寂しいなぁと思ってたんですが、資料を見てなるほどと思いました。業界自体も一時期ニーズが多かったんですが、減ってきたのかな。結構苦しいのが学生さんもわかったのかなと思ってます。その分メディア情報学科からの人が増えるかと期待しています。ただ、一期生も三期生も転職者が非常に多くて、大手に移った人もいるし、異業種に移った人も多いと思いますね。

大西　実際の就職活動の経験から、石橋さんはどう思いますか。

石橋　同期とよく「今の子はラッキーやね」と話しています。私たちの年代は苦労して入社したので、その分離職は少なく、続けている人が多い。転職者も私の周りではそれほど多くはいません。

大西　福田先生、学生に変化がないとおっしゃいましたが、就職に変化が見られる。この点についていかがですか?

福田　誤解のないように、「変わっていない」とは「総合政策学部には熱心な学生が多い」という意味です。情報分野ではSEが典型で、総政に限らず日本全体の傾向です。例えば、理系学部でも生物系の学生たちは就職先がない。結局SEになる。逆にSEの専門家になるべき情報科の学生は金融関係に行く。

アメリカ的になってるんですよ。アメリカの友人と話をしていると、アメリカの大学の就職や会社は二極分化している。スペシャリストやプロフェッショナルは少数でいい。マネジメントのトップも少数でいい。大多数は貧乏な状態になってしまう。日本の社会も必ずそうなります。

SEならば、アメリカ本社で企画やプランニングをデザインして、プログラムはインドや中国でやる。会社にとって、SEとしてデザイン・プランニングの分析力のある人が求められ、プログラムをする人は不要になる。そういう意味で、日本でもスキルベースより、一分野についておよその内容を理解できる人、つまりはスペシャリストの気持ちのわかるジェネラリスト志向、総政的な学生が必要になるだろうと考えています。

就職氷河期
バブル崩壊後、就職が厳しかった時期。『就職ジャーナル』による一九九二年の造語だが、有効求人倍率からすると最悪期は一九九九―二〇〇三年卒業のあたり。つまり総合政策学部が卒業生を出し始めた時期にぴったりあてはまってしまう。

私は「SEが良い」なんて絶対言わない。「どれだけ悲惨か」と言ってるんです（笑）。かってはアニメ業界にみんな憧れました。でも時給にすると数百円ですよ。私にはそんなところに学生を送り出す自信はない。私は就職状況に加えて、日本が必ずそうなるであろうアメリカ社会を観察しながら、将来どうしていけば良いのかを考えています。

大西　宮脇さんもSEから営業に移られた。一―三期生くらいでSEになって大変だなあと、別の仕事に変わられた方は他にいらっしゃいますか？

卒業生　東京でSEをやっています。まだ辞めていませんが、正直ゆれています。残業が百時間あったり、やはり大変ですね。SEになったのには大した理由はなく、単純に抵抗感がなかったからです。それなりにPCもいじれて、そういう仕事もいいかなぁという感覚で入ってしまいました。もともとは街づくりが好きで、公務員など別の道に進もうかと迷っています。

大西　次は「就職氷河期」をどう乗り越えたか。会社や企業は総政をどんなふうに見ているのか、どんな人材が欲しいのか。話を進めていきたいと思います。

高畑　今度は女子に絞って、就職氷河期から最近までの流れを見たいと思います。この十数年間の変化として、入学者の女子の比率が増えました。最初は男子が六割ぐらいだったのが、今ほぼ五対五です。

図3は、女子卒業生の職種です。総政の女子学生は総合職のほかは、SEなどスペシャリスト的な職種に就くことが多い。これをもう少し詳しく調べてみます。就職氷河期は二〇〇二—〇三年ごろまでです。このころ、総合職の割合は四割程度です。そもそも募集が少ない。それが二〇〇五年卒から上向き、この三月では両学科とも総合職とSEの合計が六割を超えた。他の文系学部も増えていますが、総政の比率はかなり高い値を示しています。キャリアセンターでも、総政の女子は様々な会社にチャレンジして、その結果総合職として就職しているという見方をしているようです。

一方、メディア情報学科の女子はさらに新しい傾向があるかもしれません。データが少数で分析も心許ないけれど、女子の就職先で「東京・関東地区に本社があるかどうか」を比べてみました。つまり「地元企業で良い」対「関東で勤めても良い」という意識が指標です。するとメディア情報学科は、関学全体でも飛び抜けて高い数値を示した。やはり積極性が高いようです。もちろん、こういう傾向がこれからも続いていくか、一過性で終わるのか、それも皆さんが決めていくことですが。

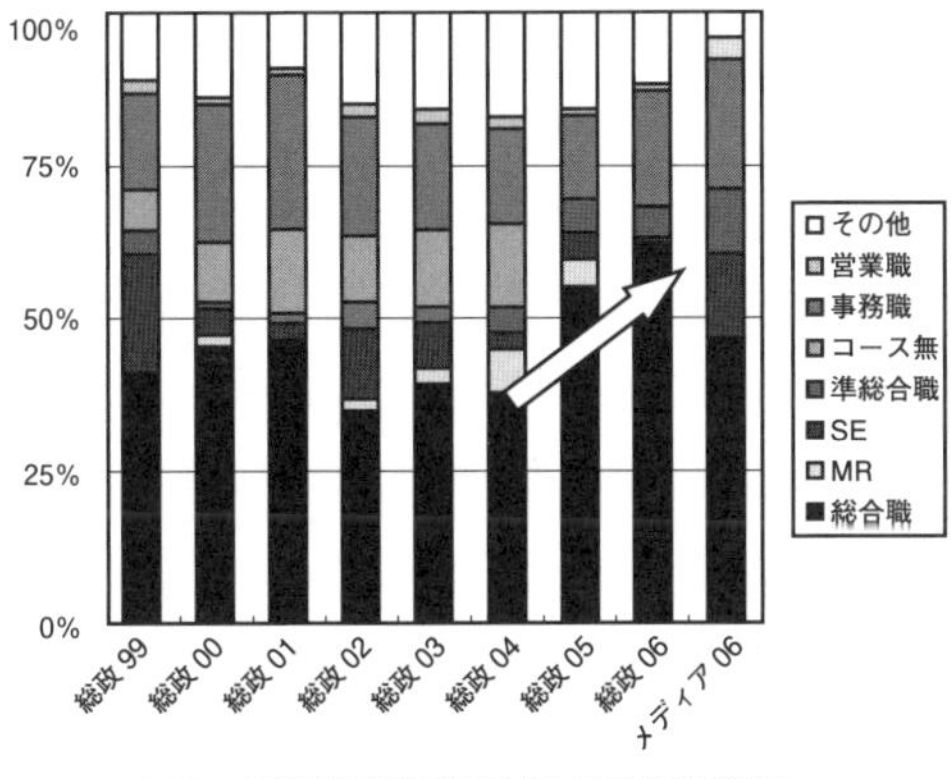

図 3　総合政策学部卒業生の就職先業種
矢印は 2004 年度以降の総合職の増加を示す。

大西　企業は総政の女子学生にどんなイメージを持っているのか。石橋さんの就活は氷河期でしたが、女性であることや総政出身であることについて、面接ではどう聞かれて、どう答えていましたか。

石橋　薄々感じてましたけど、就職活動をしていた二〇〇二年は本当に氷河期だったんですね（笑）。厳選採用ですよ。面接も足切り的な所が多かったです。

「総合政策学部で何をやったの?」と質問されるので認知度が低いように感じていました。私も最初、総合職を目指していたんですが、決まらなかった。金融系や一般職は後から採用が始まるので、そこにも書類を出しました。写真など少し修正して提出するわけです（笑）。忘れもしませんが、一一社に書類を出しました。当時、総合政策学部が採用されなかったのは認知度が低かったからだと思います。応募数は多いのに、採用は一人や二人ですから、ややこしい者は要らない。

大西　一期生は何も無かったわけで、就職時に「総合政策学部って何?」と一番よく聞かれたと思います。金山さんご自身も就職活動をしたそうですが。

総合職
一般に企業において基幹的業務に従事する正社員をさす。これに対して、定型的・補助的な業務に従事する正社員を一般職と呼ぶことが多い。この一般職では、原則として転居を伴う異動はないとされる。

金山　「産婆さんになる」と決めたのは四回生の時で、ある意味、就職活動負け組です。私は総合職しか目になく、周りもほとんど総合職以外受けてなかった。私も書類選考では、総合政策学部が珍しいからか通ります。最終選考で「お母さんになって子どもを産みますか」「子どもを産んだら辞めますか」と質問されました。私は「子どもを産んだら辞めます」と答えました。子どもを産んだら専業主婦になって子どもを一番にした生活をしたかったからです。すると不採用です。そうした過程でOLは私のライフスタイルに合わないと気づきました。最終選考の時、上手に答えれば採用されたのかもしれないけど、譲りたくなかった結果が現在です。私の友達は大きな会社の一般職より、小さくてもいいから総合職が良いという人が多かったように思います。

大西　私もテレビ局を受けた時「何をする学部なの」と聞かれました。「いろんなことができる学部」とアピールして、学生生活にやったことをすべて羅列しました。就活では、やってはいけないらしいのですが。中学部のサッカーコーチやキャンプリーダーをしたり、筋ジストロフィーの方の介護。イルカと泳ぎたくて、マーテン先生の弟さんがやっているハワイのNGOに「イルカの研究だ」と親を騙して出かける。フィリピンのストリートチルドレンの施設に行ってゴミの山を歩いてみたり、そんな体験を話したら、意外にウケがよかった。そうして就職しましたが、「総合政策学部とは何か?」と聞かれると、いまだに答えがない。皆さんも模索しているのではないでしょうか。

総合政策学部とは何か

大西　在校生から「社会からどういうふうにみられているのか?」など、OG訪問的な感じで質問のある方は手を挙げて下さい。

学生　メディア情報学科の一回生です。政策系学部って立命館や中央大学にもありますが、関学とだいぶ違う。例えば商学部ならばどこの大学も基本的に変わらない。だけど政策学部は大学ごとに特色がある。企業はそれをちゃんと見てくれるのでしょうか。世間では総政ということで一色に思われるのでしょうか。

大西　「学校ごとに政策系大学に特色があるか?」。そうなんですか、福田先生。

福田　一九九五年当時、「政策」を名乗る大学は五つしかなかった。それが現在は五五校、数え方によっては八〇校ある。「政策系」と言いながら、設立の

SFC
慶応大学湘南藤沢キャンパスの略称。総合政策学部と環境情報学部があったが、近年、医療看護学部等も開設された。

由来で法学部、経済学部などをベースにしたり、中央大学は海外文化・異文化+総合政策といった具合で、それぞれ特徴があります。各大学とも違う総政を模索している。私たちの学部を作った方々は、慶応義塾大学のSFC、湘南藤沢キャンパスが念頭にあった。皆さんご存知のように、慶応の総合政策学部は隣に環境情報学部がある。五百人ずつ入学しますが「お風呂屋の入口は違うけど、中は一緒や」で、どちらの学部のどんな科目をとっても良い。それが慶応のポリシーです。

関学の総政は、環境・都市・国際問題+メディアの知識と基盤社会の構築で「社会をどう変革させるのか？　問題はどこにあるのか？」がテーマです。つまり「政策＝社会を変革する＝社会をリードする」という意味です。「法律を勉強しただけ」「お金の話を勉強しただけ」ではなく、政策でもっと新しい世界を作っていく、若い人材を育てる。我々はそういう意識を持って学部を作り、運営していく。

ただ、そういう努力が就職という形で社会に受け入れられているか、非常に気になるところです。今のところ企業からは非常に良い評判を聞いています。例えばUNITeSなどの現場で多様な視点で見ることができる。ゴミ問題な

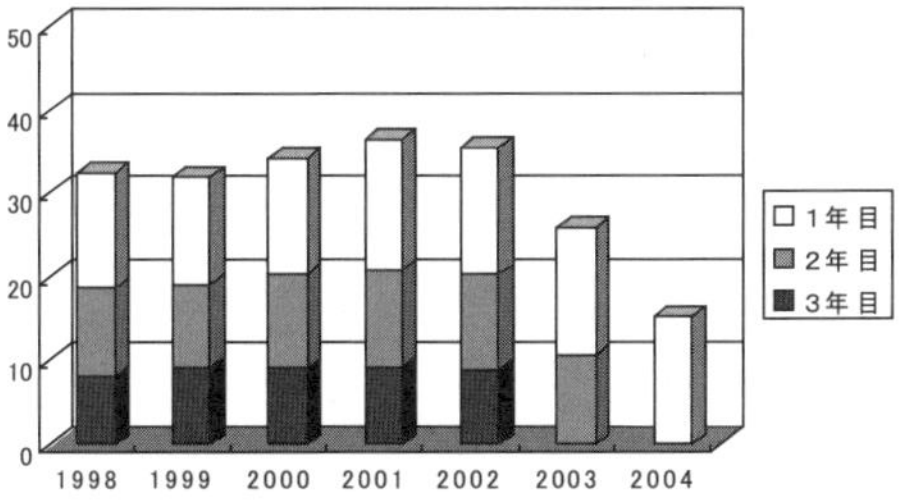

図4　大学新卒者の離職率（厚生労働省の調査結果）

ら社会や教育も含めて広い視野で対応できる。そんなマインドを持っているのが総政の学生です。国連事務所や外務省からも、総合政策学部の学生たちは非常に良いと評価されています。ただ難点はスペシャリストとしてスキルが浅い。それは当然で、大学院などで学ぶチャンスを広げればいいことです。

　私たちは学部の内容と就職をできるだけ結びつけ、社会から評価を得られるように一生懸命やっています。その一方で、古い体質の企業とは若干の齟齬が当然発生する。学生も、すべての人がチャレンジ精神を持つわけでもない。そのあたりのミスマッチをどうするのか。一人一人の学生諸君がきちんとした考え方とスキルを身につけるようにと頑張っています。

大西　僕の会社にも慶応のＳＦＣ出身の同期がいます。東京出身で東京のテレビ局を受けて「制作志望でドキュメンタリーを作りたい」と言ったら全部落ちた。大阪の局を受ける時、ＳＥ的な職として「テレビと通信との融合を仕事にします」と今の会社に入った。しかし、もともと彼はドキュメンタリー志望なので、入社してからＳＥ的な職から報道記者に移った。彼個人の生き方ですが、それぞれうまい方法はあるのかなという気がします。

福田　特に、今就職したばかりの人たちのことが非常に気になっています。皆さんの上司はバブル期の人たちです。課長・部長クラスはのほほんと生きてきて、その一方で、就職氷河期の人たちは採用数が少ない。少ないからすごく働かされる。それで嫌になって、辞める人が結構多い。三〇％辞めてしまうと言われています。それについて「しがみついてでも頑張れ」としか言いようがない。あまり短気を起こさないで、転職をするならば、スキルを身につけるまで見通しを持ってやって欲しい。

高畑　まず、最近の新聞のデータを紹介します。日本全体の話ですが、就職後三年で三分の一の人が離職する。理由は様々ですが、大きな問題に会社の組織がかかえている問題、年功序列制が崩れていく一方で、例えばバブル期に就職した上司が権限を渡すまいとすることなどがあると言われています。その上で転職は統計的に見ると不利なようです。朝日新聞の記事では、平均賃金や生涯獲得賃金が減るとあります。これも一つの現実です。

最後に、個人的な意見として「総合政策とは何か?」に触れたいと思います。総政で教えてきた上での結論は「総合政策は教養（リベラルアーツ）である」。そして「教養とは何か?」と言えば「自分が生きている時代を生き抜くためのベース」です。その上で、スペシャリストになりたければ、大学院でスキルを

リベラル・アーツ
「自由七科」と訳されたりするが、人文学、社会科学、自然科学を包括する分野。

ロー・スクールとビジネス・スクール
代表的なプロフェッショナル・スクール。アメリカなどでは学部卒業後に法曹あるいはビジネスについての専門的な知識を習得するところとして位置づけられている。

片寄先生
片寄俊秀（一九三八―）。総合政策学部で二〇〇五年度まで都市政策等を担当。

学んでいく。弁護士ならばロー・スクール、ビジネスを極めたければビジネス・スクール、これはアメリカ型のカリキュラムです。おそらく一番望ましいのは、スペシャリティを身につけたジェネラリストというわけです。メディア・国際・都市のスペシャリティとそれをベースで支えるジェネラリティ、そういう世界が「総政」の姿ではないかと思います。

大西　七年前のリサーチ・フェアで「ジェネラリストを育てる学部なのか？スペシャリストを育てる学部なのか？」と議論した時、片寄先生が「大学四年間でスペシャリストは育ちません」とおっしゃって、ジェネラリストとしてスペシャリストを目指していこうという結論が出た。

現実に、社会に出ればスペシャリストを目指そうとしても、上司との軋轢や給料面での折り合いがつかなくて、思い半ばにして別の職に移ってしまうということもあるかと思います。最後に皆さんに、自分自身の生活、社会人としての生き方、ジェネラリストとスペシャリストのバランス、そして、学生さんへのアドバイスも含めて、一言ずつお願いしたいと思います

金山　私はまさに総政でジェネラリティの素養をつけ、その後助産婦の資格を取ってスペシャリストの道を選びました。一人子どもがいて母親もやっていま

す。

総政で勉強したことは、形ではわからんけど、母親してても、助産婦してても、なんや知らんけどよく役立つ。仕事でも、専門だけやってきた人は「仕組み」を変えようという考えに至らない。仕組みの中で苦情を言いながらやり続けてしまう。特に看護師にはそんな方が多くて、私なんか「こうやったら変わるやん！」と言って、実際、変えることができる。

助産婦としては新人、スペシャリティとしてはまだまだだから、五〇歳くらいになってそこそこ仕事ができたらいいな、と二〇年プランで考えています。総政で勉強しているころは、いろいろな問題が見えてしまって気になるので、「なんかグチャグチャになるかなあ」と思っていました。でも社会に出てスペシャリティを身につけると「総政で勉強して、生きていくのに面白みも出てくるし、組織にプラスを提供できることが他の人より多いなあ」と感じてます。

宮脇　ＳＥといえばスペシャリスト的かもしれませんが、一年半前に営業に転職しました。先ほど先輩から「ＳＥはしんどい」という話があったので、楽しいとこもあると、まず言っておこうかな（笑）。好きな人は好きになれる会社やと思う。

ブレーンストーミング
互いに自由に議論することで、テーマについての多様な意見を抽出する発想法の一つ。

交流会
一九九五年当時、五つしかなかった政策系大学間の交流を深めるために開設された。毎年一、二回交流大会を開いている。

営業に移ってから、いろんなことをお客さんから聞いています。SE的技術をベースにニーズを聞きだすのです。一つの課題に対して、ブレーンストーミングのようにいろんな人の意見を聞いて「こうやっていったらいいんじゃないの？」と議論しています。そうしたやり方を昔から学んできた点は役に立っていると思っています。

会社では、既に方向性が決まっていたり、上の人の考えだったり、既に道ができている時があります。そこで自分の思ったことを口に出す。福田先生の話にもあったように、初めのころは嫌われることもありますが、それができるのがこの学部かなと思います。学生の方には、いろんなことを勉強している友達を見つけて、一つの課題でもいい、議論する場を持って欲しいと思います。

石橋　今は「わかりやすいもの」がうける時代だと思います。仕事でも、ファッションでも、「記号」としてわかりやすいものが受け入れられやすい。総合政策ってわかりにくいんですよ。大学によってカラーは違うし、一言では説明できない。人によっても、専攻でも、ゼミによって全然違う。私は総政で、「わかりにくいこと、複雑なことから逃げずに、自分の言葉で語る」ことを学んだ気がします。何においても自分の言葉で語る、そんな姿勢を教えられたような気が

交流会の風景

します。人に「総合政策って何やろう?」と説明する機会をたくさん作って、いろんな大学の人と交流会でお話ししたり、自分なりの総合政策論を発表して、自分の言葉で語ってきたからだと思います。
今、私は派遣会社で、転職を希望する人と面談していろいろな会社に紹介する仕事をしています。私は総合政策学部で学んだ力を活かして言葉のスペシャリストになりたい。スペシャリストってSEのような技術者だけじゃない。人それぞれみんなスペシャリストだと思います。それを、いつ、どのタイミングで見つけるか。自分の中で問いかけを繰り返していくことでしか見つからない。私はそんなふうに生きていきたいと思っています。

大西　最後に、皆さんは総合政策学部に入ってしまった以上、否応なしに総政的人生を送らざるをえない。そういう学生、ＯＢＧに対して福田先生から一言お願いします。

福田　結局、言葉での定義はおもしろくない。例えば「あの人はこういう人だ」と定義されたらそれで終わりです。だから、いつまでたっても「総政って何や?」と考えているほうが楽しい。
「総政の特徴は何か?」というと、総政を通して皆さんに様々なチャンスを与えているわけです。その意味で、総政はイノベーションです。「社会を変えなさいよ。今のままで満足しなさんなよ」ということです。安倍内閣は「イノベーション25戦略会議」を作ってしまいましたが、皆さんは総政の「新しいことを作り出す／作り変える力」をぜひ誇りに思って欲しい。「総政を出てよかった」「このキャンパスで学んだことがいつか役に立つ」、あるいは「考え方がおもしろかった」。それだけで私は満足だし、この総政がこの社会で受け入れられるかどうかは、皆さんの力次第ということです。

総合政策学部を作って良かったと思っていますし、発展させていきたいと思っています。我々は皆さんを大変誇りに思っています。

大西　ありがとうございました。総合政策学部が評価されていくのは、結局僕ら次第です。それを他の人が勝手に評価するものだと思います。皆さん、これからも頑張っていきましょう。

編集後記

はじめに、総合政策学部同窓会役員の皆様に厚く御礼申し上げるとともに、この小冊子を前総合政策学部長故安保則夫先生に、そして、この学部で学ばれたすべての皆さんに捧げたいと思います。

序文で山崎草平さん（同窓会役員、第一期生）も触れられているように、本書の内容は、二〇〇六年一一月一〇日に開催されたリサーチ・フェア二〇〇六での総合政策学部同窓会ＯＢＧ企画をまとめたものです。同窓会の皆さんから、先輩として在校生に何かを伝えたい、その思いを肌で感じながら企画を進めました。そして、耳の不自由な在校生のためにおこなったＰＣノートテイクで残ったデジタル資料と、記録用のビデオテープ類を整理するうち、なんとか文字という形で残せないかと試みた結果、この冊子という形に実りました。記録をとっていただいたノートテイカーの皆さんにはあらためて感謝の意を表したいと思います。

さて、ページを繰っていると、「総政とは何か？」というライトモチーフが繰り返し顔をのぞかせます。九〇年代半ば、この学部を構想した方々にとっては、「環境政策」という新しい学問を軸に考えた方も、「国際」というイメージを膨らませた方も、さらには都市や地方の「政策学」を中心に考えておられた方もいたでしょう。私自身は、この学部で何年か過ごすうち、この学部こそ、真の意味でのリベラル・アーツを身につける場として、日本の大学の中でも、きわめてユニークな存在ではないのか、と思うようになりました。

こうした見方が正しいかどうかは、おそらく、まだ長い年月が必要です。しかし、卒業生の皆さんから聞かれる言葉の端々に、社会に出てからあらためて、「総政」が他の大学や学部とは少しばかり異なる学部であることに気づく様子が見てとれるのではないでしょうか。そのことに、学部にいるうちは気づかない。それはあまりに当然のことで、私のように教員としていくつかの大学、学部を転々としてきた者にとって、ほほえましくもあり、また、多少じれったく感じることもあります。

その上で、教員として本書を前にして、ここで学ばれた学生の皆さん一人一人にお礼を申し上げたいと思います。例えば、毎年恒例の卒業記念パーティ、下級生としてかつて先輩を見送り、やがてご自身が送られていく。また、ＵＮＩＴｅＳやエコハビタット、その他数え切れない活動、イベント、あるいはリサーチ・フェアへの参加、学生交流会での学外でのつながり、スポーツやアート、ミュージックの経験、さらには障害をもった同輩へのサポート、それらが皆さんにとって得難い体験として、これからの人生に光をあててくれると同時に、その一つ一つが、総政の歴史のページとして刻まれていくことになるでしょう。

最後に、このような学部がどうして出来上がったのか？　そのことにも触れたいと思います。それは、二〇〇三年に在職中に亡くなられた安保則夫先生の信念によるものだ、というのが私の個人的な思いです。今や学内では先生を直接知っている学生はほとんどいなくなりました。しかし、「幕末の浪士のような生き方」を好まれた先生は、今、述べたようなＫＳＣでの様々な学生の活動、それらを受け入れ、支えるベースを創ってこられました。その思いを一言で表現すれば、フランスの小説『ガルガンチュワ物語』に作者ラブレーが書きつけた言葉「欲することを行え」になるかと思います。

いずれにしても、みんなにとって、やり直しのないただ一つの人生です。ＫＳＣで過ごされた日々のなかで、それとは気づかぬうちに血肉となっていった先生方の教えを活かすことが、とりもなおさず自分が今生きている時代を生き抜く糧になるはずだと期待しています。

二〇〇七年三月一九日　九回目の卒業式、そして卒業記念パーティを前にして

高畑由起夫（総合政策学部教員）

K.G. りぶれっと　No.19
総政的人生を語ろう

2007年7月30日　初版第一刷発行

著　　者　関西学院大学総合政策学部同窓会
編　　者　高畑由起夫
発 行 者　山本栄一
発 行 所　関西学院大学出版会
所 在 地　〒662-0891
　　　　　兵庫県西宮市上ケ原一番町1-155
電　　話　0798-53-5233

印　　刷　協和印刷株式会社

ISBN 978-4-86283-018-0

http://www.kwansei.ac.jp/press

関西学院大学出版会「K・G・りぶれっと」発刊のことば

大学はいうまでもなく、時代の申し子である。

その意味で、大学が生き生きとした活力をいつももっていてほしいというのは、大学を構成するものの達だけではなく、広く一般社会の願いである。

研究、対話の成果である大学内の知的活動を広く社会に評価の場を求める行為が、社会へのさまざまなメッセージとなり、大学の活力のおおきな源泉になりうると信じている。

遅まきながら関西学院大学出版会を立ち上げたのもその一助になりたいためである。

ここに、広く学院内外に執筆者を求め、講義、ゼミ、実習その他授業全般に関する補助教材、あるいは現代社会の諸問題を新たな切り口から解剖した論評などを、できるだけ平易に、かつさまざまな形式によって提供する場を設けることにした。

一冊、四万字を目安として発信されたものが、読み手を通して〈教え―学ぶ〉活動を活性化させ、社会の問題提起となり、時に読み手から発信者への反応を受けて、書き手が応答するなど、「知」の活性化の場となることを期待している。

多くの方々が相互行為としての「大学」をめざして、この場に参加されることを願っている。

二〇〇〇年　四月